Como muestra
de gratitud por su compra,

visite www.clie.es/regalos
y descargue gratis:

*"12 consejos para mejorar la
comunicación con tu pareja hoy"*

Código:

FAMILIA24

¿Por qué le importa a Dios con quién me acuesto?

Sam Allberry

Editorial CLIE
www.clie.es

EDITORIAL CLIE
C/ Ferrocarril, 8
08232 VILADECAVALLS
(Barcelona) ESPAÑA
E-mail: clie@clie.es
http://www.clie.es

Publicado originalmente en inglés por The Good Book
Company, bajo el título *Why does God care who I sleep with?*
© Sam Allberry, 2020.
Traducido y publicado con permiso de The Good Book
Company.

*El texto Bíblico ha sido tomado de la versión Reina-Valera
© 1960 Sociedades Bíblicas en América Latina. Utilizado
con permiso.*

¿POR QUÉ LE IMPORTA A DIOS CON QUIÉN ME ACUESTO?
ISBN: 978-84-18204-42-5
Depósito legal: B 11768-2021
Estudios de sexualidad y género
REL105000
Referencia: 225157

Impreso en Estados Unidos de América / *Printed in the United States of America*

Acerca del autor

Sam Allberry da conferencias por todo el mundo sobre cuestiones relativas a la sexualidad y a la identidad y, además, trabaja como líder de iglesia y pastor. Estudió teología en Wycliffe Hall, Universidad de Oxford, antes de dedicarse a trabajar en varias iglesias de Oxford y Maidenhead, en el Reino Unido.

Ahora Sam es conferenciante y autor de numerosos libros, incluyendo *7 Myths About Singleness*, *Why Bother with Church?* y el éxito de ventas *Is God Anti-gay?* Ha sido ordenado en la Iglesia de Inglaterra y ha formado parte de su organismo rector, el General Synod.

En su tiempo libre a Sam le gusta hacer senderismo, leer historia de Estados Unidos y perfeccionar poco a poco su receta de curry verde tailandés.

Cuando toca hablar de sexo, la gente cree saber a qué se oponen los cristianos; pero ¿qué es lo que defienden? Dentro de una cultura que considera que el cristianismo es fuente de vergüenza y de opresión, hace falta tener una mente abierta para tomar este libro y leerlo. Pero a quienes estén dispuestos a nadar contra corriente, la nueva mirada que aplica Sam Allberry a lo que nos dice la Biblia sobre el sexo les inducirá a poner en tela de juicio sus conceptos erróneos. Puede que incluso te cambie la vida.

Glynn Harrison, MD
Ex profesor de psiquiatría y psiquiatra consultor, autor de *A Better Story: God, Sex and Human Flourishing*

Mi generación ha crecido dentro de una cultura que nos dice que el concepto cristiano de la expresión sexual no solo es aburrido y extravagante, sino también ofensivo y represivo. El libro de Sam es un recordatorio refrescante y esclarecedor de que esa crítica ha sido exagerada. Con cariño y claridad, y usando muchísimas ilustraciones interesantes, Sam analiza algunas de las tensiones sin resolver que hemos heredado de la revolución sexual, y demuestra que la vida, la muerte y la enseñanza de Jesús no solo dotan de sentido a nuestros anhelos, sino que satisfacen nuestras necesidades más profundas.

Rachel Jones
Autora de *Is This It?*

¿Por qué le importa a *Dios con qui*én me acuesto? es una obra clara, sabia, pastoral y en ocasiones muy divertida que ofrece una excelente respuesta a una de las preguntas más acuciantes de nuestra generación. Si es una pregunta que te has hecho, en la que has pensado o incluso que has oído formular a otros, este breve y reflexivo libro de Sam Allberry te será de gran ayuda.

Andrew Wilson
Pastor, escritor y comunicador

Sam Allberry escribe con claridad y empatía sobre uno de los temas más importantes de nuestros tiempos. Su honestidad y su sentido del humor derriban los estereotipos y los tópicos sobre las relaciones sexuales que ya nos hemos acostumbrado a escuchar. Aquí tenemos una voz contracultural que nos desafía a plantearnos de nuevo la fe cristiana y, en última instancia, una relación con Dios en medio del cambiante paisaje cultural en el que nos encontramos.

Dra. Amy Orr-Ewing
Directora de The Oxford Centre for Christian Apologetics

Dadas todas las controversias y retos en torno al sexo, me encanta dar la bienvenida a este tratamiento valiente, sabio y sensible de los temas en juego. Este es un libro capaz de alterar opiniones, cosmovisiones y, en última instancia, de rescatar vidas. ¡Gracias, Sam Allberry!

J. John
Pastor, escritor y comunicador

En este libro enriquecedor y provocativo, Sam Allberry analiza cómo los anhelos de nuestros corazones, los instintos de nuestros cuerpos y los complejos deseos de nuestras mentes nos dicen que queremos algo más que sexo. Lo puedes leer en una tarde, pero sus efectos pueden durar toda una vida.

Dra. Rebecca McLaughlin
Autora de *Confronting Christianity: 12 Hard Questions for the World's Largest Religion*

En este libro claro, meticuloso, compasivo y ameno, Sam hace un análisis de la cultura sexual y de por qué le importa a Dios que es un mensaje para todos los seres humanos. Compra por lo menos dos ejemplares. Los necesitarás, porque te aseguro que no querrás prestarle a nadie el tuyo.

Adrian Reynolds
Escritor y pastor

¿Por qué le importa a Dios con quién me acuesto?

Sam Allberry

Índice

Para Logan Gates y Ben Dyson, con gratitud por vuestra fiel amistad.

Introducción: *El problema ineludible del cristianismo*

Aquel fue probablemente el momento más incómodo de mi vida.

Me encontraba impartiendo clases de inglés en el centro de Tailandia y me habían invitado a contribuir a una jornada de formación regional para profesores de inglés de secundaria. Como yo era hablante "nativo" de inglés, acudí para ayudarles con aspectos como la pronunciación y el inglés conversacional. O eso pensaba yo.

La primera señal de que la cosa no iba a ir como yo esperaba fue cuando me invitaron a subir al escenario nada más empezar la jornada. Después de presentarme a los asistentes, dijeron que empezaríamos el día cantando la canción que se había elegido como tema para esa jornada. Bueno, en realidad quien lo haría iba a ser su invitado, el hablante nativo de inglés.

La mala noticia es que soy un cantante *pésimo*, sobre todo delante de otras personas. La buena noticia era que la canción estaba en inglés. La otra mala noticia era el equipo de karaoke del que disponía aquella gente. Ya de por sí era extraño que fuera primera hora de la mañana de un sábado, que yo estuviera en un país que desconocía, que hubiera aceptado acudir para hacerles ese favor de última hora a mis anfitriones tailandeses, y que ahora fuese a cantar un solo delante de varios centenares de profesores.

La canción era *I Just Called to Say I Love You*, de Stevie Wonder, que sin duda es una gran canción pero no lo que uno relacionaría inmediatamente con la enseñanza del idioma de Shakespeare. Yo ya estaba bastante alejado de mi zona de confort, pero eso no fue lo peor. El vídeo de fondo en la pantalla del karaoke era bastante cutre: una procesión de cuerpos que se contoneaban en diversas fases de desnudez. Me las tuve que arreglar para seguir la letra sin fijarme en las incongruentes imágenes que la acompañaban, mientras además intentaba no ponerme del color de un tomate maduro.

Todo esto sirve para decir que es imposible esquivar el tema del sexo. Si aparece dentro de un entorno tan inocente como el de aquella mañana en Tailandia, hay muy pocas esperanzas de poder eludirlo en cualquiera de las áreas de esta vida.

Y si soy sincero, con la excepción de repetir mi experiencia en el karaoke de aquella mañana, escribir un libro sobre el sexo es lo más incómodo que me puedo imaginar haciendo justo en este momento. Pero, como digo, es algo imposible de evitar, por lo mucho que significa el sexo para todos nosotros.

Durante los últimos años he trabajado para una organización benéfica cuya misión principal consiste en responder a las preguntas más urgentes que tiene la gente acerca de la fe cristiana. Otros libros de esta serie te darán una idea de cuáles son esas preguntas, pero en lo alto de la lista, para la mayoría de personas, invariablemente siempre figura alguna pregunta sobre qué piensan y creen los cristianos sobre el sexo.

No es difícil entender por qué. Sabemos que nuestra sexualidad, el sexo y las relaciones que forjamos son una parte realmente importante de la vida. No es nada intrascendente. Soy muy consciente de que todos y cada uno de nosotros poseemos una amplia gama de intensas emociones que entran en juego cuando hablamos del sexo y de la sexualidad, pensamos en ellos y reaccionamos a ellos en nuestras vidas y en nuestras culturas. Todos tenemos recuerdos (tanto buenos como malos) que dan forma a nuestra manera de pensar y a nuestra conducta. Algunos de nosotros tendrán recuerdos y experiencias dolorosos que siguen acosándoles. Otros estarán inquietos, buscando algún tipo de satisfacción más profunda que la que están experimentando ahora mismo. Algunos otros estarán confusos debido a diversas experiencias que hayan tenido. Y otros estarán totalmente satisfechos con su vida sexual tal como está, y quizá se pregunten el porqué de tanto revuelo.

Esto significa que a lo mejor te resultará difícil leer este libro. Tanto si eres cristiano como si no, es posible que en ocasiones descubras que te gustaría quejarte entre dientes o incluso lanzar el libro lo más lejos posible, porque lo que te sugiera entrará en un profundo conflicto con tu propio punto de vista y tu experiencia.

Pero en lugar de ceder al impulso de hacer lanzamiento de libro, te invito encarecidamente a que reflexiones cuidadosamente, y con la mayor objetividad posible, mientras intento explicar por qué el sexo es tan importante para todos nosotros. Escribo esto como alguien soltero que tiene la expectativa de seguir siéndolo en el futuro. Como cristiano, eso significa que me he comprometido a mantenerme célibe, a *no* tener relaciones sexuales a menos que sea con alguien con quien me haya casado. Este asunto tiene tanta importancia para mí como la tiene para todos nosotros.

GENTE PELIGROSA

Cuando los cristianos hablan de sexo, se enfrentan a peligros importantes. Cada vez más, el mundo considera que la libertad sexual es uno de los mayores beneficios de la sociedad occidental. Han cambiado muchas cosas durante los últimos diez años, aproximadamente. Hace tan solo quince años, a los cristianos como yo, que seguimos las enseñanzas de la Biblia, los habrían considerado retrógrados por atenerse al concepto cristiano tradicional del sexo como algo exclusivo del entorno matrimonial.

Pero ahora, cada vez más, se piensa que somos peligrosos para la sociedad. *Así* de importantes se han vuelto nuestras opiniones sobre el sexo. La decisión de con quién acostarse se entiende como un derecho humano supremo. Todo lo que parezca limitar nuestra capacidad de decisión en esta área se considera, de alguna manera, una amenaza existencial.

Por lo tanto, la afirmación cristiana de que el sexo pertenece a un contexto muy concreto es más una ofensa que una curiosidad. ¿Por qué tiene que importarle a Dios con quién me acuesto? es quizá menos una pregunta y más una objeción permanente que, en realidad, no exige respuesta.

Sin embargo, existe una respuesta. Los cristianos seguimos creyendo lo que creemos sobre el sexo, y es una creencia que no piensa desaparecer por mucho que se nos critique hoy en día. Además, es una creencia para la que existen motivos de peso. Me encantaría que entendieras esos motivos y los sopesaras adecuadamente antes de decidir qué hacer con ellos.

A Dios le importa con quién nos acostamos porque le interesan profundamente las personas involucradas en la actividad. Le importa porque el sexo fue idea suya, no nuestra. Le importa porque el mal uso del sexo puede provocar heridas profundas y graves perjuicios. Le importa porque nos considera merecedores de su cuidado. Y, de hecho, ese cuidado no solo se aprecia en su enseñanza de cómo deberíamos usar el sexo, sino también en el modo en que pone el perdón y la sanación a nuestra disposición cuando nos equivocamos.

1
¿Por qué nos importa con quién nos acostamos?

No es habitual que un solo tuit se propague tanto que se convierta en un movimiento.

A finales de 2017, Hollywood era noticia candente por una serie de acusaciones contra uno de sus productores más celebrados, Harvey Weinstein. Una serie de mujeres le acusaban de conducta depredadora, y el asunto se estaba siguiendo en todo el mundo. El 15 de octubre, una actriz, Alyssa Milano, tuiteó el siguiente mensaje:

> *Si te han acosado o agredido sexualmente escribe "yo también" como respuesta a este tuit.*

El *hashtag* #MeToo ("yo también") pronto se hizo viral. El tuit original se colgó en torno al mediodía, y cuando acabó el día la frase "yo también" se había usado en Twitter más de 200.000 veces. Al cabo de un año se había usado 19 millones de veces, más de 55.000 veces por día.[1]

---

1. *USA Today:* consulta www.bit.ly/occasleep (consultada el 21 de agosto de 2019).

También hubo muchas celebridades que contaron sus historias, lo cual elevó aún más el perfil del *hashtag*. Hollywood se hundió. Le siguieron otros sectores de la industria del entretenimiento. Las historias de acoso y de agresión sexual se extendieron rápidamente a los ámbitos de la política, los medios de comunicación, el entorno académico y el religioso. Cuando los y las supervivientes de agresiones sexuales en iglesias o por parte de líderes eclesiales compartieron sus experiencias, empezó a aparecer un *hashtag* paralelo, *#ChurchToo* ("la iglesia también").

Aunque el tuit de Milano pareció dar el pistoletazo de salida, ella no fue la primera persona en usar la frase "yo también" en este contexto (algo que luego admitió ella misma). El verdadero origen del *hashtag* hay que situarlo diez años antes. La activista Tarana Burke "andaba buscando una manera sucinta de mostrar empatía", según dijo en una entrevista publicada en el *Huffington Post*. "«Yo también» es potente porque alguien me lo había dicho, y el hecho de haberlo oído alteró la trayectoria de mi proceso de curación". Poco después de que el tuit de Milano se hiciera viral, la propia Burke escribió: "El objetivo del trabajo que hemos estado haciendo durante la última década con el movimiento «yo también» es hacer que las mujeres, sobre todo las jóvenes de color, sepan que no están solas".[2]

La adopción tan extendida del *hashtag* ha tenido sin duda ese efecto. Es posible que Burke se interesara sobre todo por las jóvenes afroamericanas, pero el *hashtag* también permitió que muchas otras personas compartieran sus experiencias: mujeres con distintos trasfondos y edades, e incluso algunos hombres.

---

2. *Huffington Post*. www.bit.ly/occasleep2 (consultada el 21 de agosto de 2019).

Hay una de esas historias sobre la que merece especialmente la pena reflexionar. En un artículo que escribió en *The Atlantic*, Caitlin Flanagan habló de un momento, cuando asistía al instituto, en el que un joven intentó violarla en su coche, en un aparcamiento desierto junto a una playa. Después de un forcejeo, él desistió y la llevó a su casa. Ella nunca lo comentó con nadie, y en el artículo explica por qué no lo hizo:

> *No se lo conté a nadie. Según pensaba yo, no era un ejemplo de agresión masculina contra una chica para tener sexo con ella. Era un ejemplo de lo poco deseable que era yo. Fue la prueba de que yo no era el tipo de chica que llevas a las fiestas, o el tipo de chica que quieres conocer mejor. Yo era el tipo de chica que te llevas a un aparcamiento desierto para intentar obligarla a que tenga sexo contigo. Decírselo a alguien no revelaría lo que había hecho él; sería una revelación de lo mucho que yo merecía que me tratasen así.*[3]

El movimiento *#MeToo* ha arrojado luz sobre la prevalencia de las agresiones sexuales. Actualmente se calcula que entre el 20 y el 30 por ciento de mujeres estadounidenses han sido agredidas sexualmente en algún momento de sus vidas. Es difícil obtener cifras exactas; a la gente le cuesta muchísimo compartir estas historias por muchos motivos, tal como subraya la historia de Flanagan. Pero ha habido muchos que han logrado sincerarse por primera vez, y cada vez obtenemos una apreciación más exacta de la prevalencia de estas brutalidades. Los hombres también se muestran más abiertos a hablar de sus experiencias de agresión y acoso sexual. Además, algunos hombres están admitiendo errores

---

3. *The Atlantic*. www.bit.ly/occasleep3 (consultada el 21 de agosto de 2019).

en su propia conducta pasada con las mujeres. A todos los niveles, desde el individual hasta el institucional, el mundo occidental parece estar reevaluando a fondo sus valores sexuales colectivos.

Si el *#MeToo* nos ha enseñado algo es que nuestra sexualidad tiene una gran importancia. Su violación provoca un perjuicio emocional y psicológico muy profundo, sin hablar de las cicatrices físicas que deja. La propia experiencia de Flanagan es un ejemplo claro. Lo que aquel joven intentó hacerle le dijo algo sobre sí misma y sobre su valor como persona, un concepto que quedó enquistado en su pensamiento durante muchos años.

JESÚS HABLA SOBRE EL MALTRATO

A estas alturas podríamos preguntarnos qué relación tiene todo esto con el cristianismo. En todo caso, parece ser que el cristianismo es una parte del problema tanto como lo es cualquier otro movimiento, y puede que incluso más. A medida que se van demostrando cada vez más acusaciones históricas y contemporáneas, queda muy claro que ha habido muchas instituciones cristianas en las que se han producido espantosos maltratos. Dentro de cualquier contexto, estos hechos serían escandalosos, pero el contexto cristiano los vuelve aún más reprensibles. Todos sabemos que la agresión sexual está mal; no hay ningún grupo ni religión que tenga el monopolio de esta convicción. Pero los cristianos tienen más motivos que quizá cualquier otra persona para saber esto.

Jesús de Nazaret, el fundador del cristianismo, fue famoso por cuidar a los marginados, a los ignorados y a los vulnerables. De él se dijo que "no quebrará la caña cascada" (Mt. 12:10); fue alguien que por naturaleza mostraba ternura hacia los heridos y los sufrientes. Por consiguiente, resulta una incongruencia destacable que aquellos que afirman seguir a Jesús contradigan su enseñanza y su ejemplo en este ámbito.

Pero también cabe destacar que el propio Jesús fue víctima de un maltrato inimaginable. No hace falta que seamos cristianos que crean en la Biblia para conocer los hechos básicos sobre cómo acabó la vida de este hombre. El registro histórico nos demuestra que fue ejecutado públicamente por las autoridades romanas siguiendo las órdenes de Poncio Pilato.[4] Sabemos que fue ejecutado mediante crucifixión. También sabemos que este fue el desenlace de un proceso horripilante de humillación y de tortura. Los relatos del Nuevo Testamento inciden sorprendentemente poco sobre los detalles más sangrientos, pero nos dicen que a Jesús lo desnudaron, lo azotaron, lo golpearon y se burlaron de él. Lo pusieron desnudo frente al público, maltrataron su cuerpo y lo ridiculizaron en diversas ocasiones. Sus propios compañeros de traicionaron, le negaron o le abandonaron. No podemos cuantificar fácilmente ese sufrimiento emocional, psicológico y físico. Y todo esto sucedió antes siquiera de llegar al momento de la crucifixión.

Ese es el hombre al que los cristianos siguen y adoran. Y lo que esto nos dice es que los cristianos deberían tener una sensibilidad innata hacia las víctimas del sufrimiento. Dado que el propio Jesús encarnó y experimentó algunas de las formas más intensas de victimización y rechazo, una parte integral del cristianismo es la sensibilidad ante el sufrimiento y la brutalidad. Los cristianos deberían ser los últimos habitantes de este mundo que se mostrasen indiferentes ante el maltrato, y no hablemos ya de facilitarlo o perpetrarlo en el sentido que sea. Esto queda reforzado por la propia enseñanza de Jesús sobre la sexualidad humana.

---

4. Ver, por ejemplo, John Dickson, *Jesús, ¿realidad o ficción?* (Editorial CLIE, 2020).

JESÚS HABLA SOBRE EL SEXO

Una de las secciones más conocidas de la enseñanza de Jesús es el llamado sermón del Monte. Muchas de sus frases se han incorporado a la cultura occidental. Es posible que te resulte más familiar de lo que imaginas. En el sermón Jesús aborda muy pronto el tema de la ética sexual:

> *Oísteis que fue dicho: No cometerás adulterio. Pero yo os digo que cualquiera que mira a una mujer para codiciarla, ya adulteró con ella en su corazón.*
>
> MATEO 5:27-28

Jesús sabe que a sus oyentes les habían inculcado los Diez Mandamientos que figuran en el Antiguo Testamento, incluyendo el séptimo mandamiento contra el adulterio (que él cita aquí). El adulterio consiste en cualquier relación sexual entre una persona casada y alguien que no sea su cónyuge. Jesús reitera este mandamiento y le añade su propio corolario. Sus palabras no suponen un contraste con el contenido del mandamiento, sino que nos proporcionan una visión renovada de cómo se supone que hay que aplicarlo.

No nos equivoquemos: lo que Jesús enseña aquí es revolucionario tanto para la época en la que hablaba Jesús como para nosotros hoy.

Pensemos en cómo debieron escuchar estas palabras sus oyentes originarios. Jesús era un judío del siglo primero que hablaba a un público de compatriotas judíos, y los Diez Mandamientos eran fundamentales para el pensamiento ético de esta etnia. Los consideraban un resumen ejecutivo de toda la ley de Dios en el Antiguo Testamento. En nuestros tiempos siguen teniendo una tremenda influencia cultural como fundamento de la moral.

Jesús cita el séptimo mandamiento contra el adulterio. Este constituía la base de la ética sexual compartida de aquella época. Podemos imaginarnos a un varón judío que escuchase a Jesús. Quizá llevaba muchos años fielmente casado y se sentía orgulloso de la manera en que se había comportado. A lo mejor era uno de los primeros que desaprobaban el adulterio cada vez que se enteraba de que alguien había caído en él. Es posible que nunca se le hubiera pasado por la cabeza meterse en una situación en la que podría acabar teniendo relaciones íntimas con otra mujer. Sus manos jamás habían tocado a otra mujer que no fuera su esposa. Ese hombre sería un ejemplo típico de otros muchos, comprometidos a ese mandamiento y confiados en que lo habían obedecido plenamente.

De modo que cuando Jesús dice en la primera parte de su enseñanza "habéis oído que fue dicho «No cometerás adulterio»", los hombres como ese habrían asentido con entusiasmo. Sí, *eso es lo que siempre nos han enseñado. Eso es lo que siempre hemos defendido.* Es posible que otros aspectos de la enseñanza de Jesús les plantearan un reto o los indujeran al autoexamen (resulta difícil leer el sermón del Monte sin experimentar algo así), pero sobre este punto podían estar tranquilos: seguro que contaban con la aprobación plena del maestro.

Pero entonces viene la segunda parte de lo que dice Jesús:

> *Pero yo os digo que cualquiera que mira a una mujer para codiciarla, ya adulteró con ella en su corazón.*

Piensa en esto. Jesús no contradice la manera en que habían interpretado el mandamiento los judíos; lo que hace es ampliar su significado y su aplicación. Ellos habían dado por hecho que hablaba solo del adulterio físico. Pero el adulterio físico no es el único tipo de adulterio; Jesús dice que el adulterio puede producirse en el corazón aunque nunca tenga lugar en una cama. Puede producirse solo con mirar, sin tocar: *cualquiera que <u>mira</u> a una mujer para codiciarla, ya adulteró con ella.* No se trata sencillamente de lo que haces con tus genitales, sino con tus ojos y con tu mente; cómo miras a otra persona y piensas en ella.

A Jesús le preocupa la *intención*. No está en contra de que las personas se fijen unas en otras, sino que las personas miren a otras "para codiciarlas". Esta es la diferencia que hay entre fijarse en que alguien es atractivo y querer poseer a esa persona de alguna manera. *De eso*, dice Jesús, es de lo que advierte el mandamiento contra el adulterio. Retomaremos la importancia de este aspecto a su debido tiempo.

LA VÍCTIMA

Aunque Jesús pone su énfasis primordial en la persona que mira, vale la pena detenerse para reflexionar sobre qué implica esto para la persona que es observada.

Jesús nos plantea un escenario en el que un hombre mira con lascivia a una mujer. Lo que Jesús enseña aquí es aplicable a todos nosotros, por supuesto, pero podría ser que los hombres en concreto sean quienes más necesitan escucharlo. Después de todo, la inmensa mayoría de violaciones sexuales tienen como víctimas a mujeres, no a hombres.

Jesús dice que el hecho de que un hombre mire con lujuria a una mujer incumple el mandamiento contra el adulterio tanto como si se hubiera acostado físicamente con ella.

Pero pensemos también en lo que está diciendo Jesús sobre la mujer. *No hay que mirarla con lascivia.* Lo que hice Jesús es que la sexualidad de la mujer es preciosa y valiosa: posee una integridad sexual que es importante y que todos los demás deben respetar. *Está diciendo que esta integridad sexual es tan preciosa que no hay que violarla ni siquiera en la privacidad que ofrece la mente de otra persona.* Aunque ella no lo descubriera jamás, que alguien piense en ella con lascivia supone una tremenda ofensa.

Tendemos a pensar que la vida intelectual de una persona solo es asunto suyo, y que lo que sucede en su mente no tiene nada que ver con ninguna otra persona; por lo tanto, quizá nos gustaría criticar a Jesús en este punto por atreverse a regular lo que sucede en nuestra mente. Pero antes de que lo hagamos, debemos entender *por qué* dice esto Jesús. Tal como dijo alguien en cierta ocasión, no debemos derribar una valla hasta conocer el motivo por el que la pusieron allí.[5] Jesús nos está diciendo que nuestra sexualidad es un bien mucho más precioso de lo que quizá seamos conscientes, y que su enseñanza es en realidad un sistema destinado a protegerla.

NO SOLO JESÚS

La enseñanza de Jesús es un reflejo de algo que vemos en la totalidad de la Biblia: a Dios le preocupa mucho la manera en que nos tratamos sexualmente unos a otros.

Uno de los mayores héroes de Israel en el Antiguo Testamento fue el rey David. Unificó el reino, derrotó a muchos enemigos (el más famoso de los cuales fue seguramente el gigante Goliat) y fue un poeta y compositor musical destacado. Pero la Biblia nunca adorna a sus héroes; los pinta con todos sus errores y sus defectos. Y en el caso de David, sus errores le llevaron a un infame incidente con una mujer llamada Betsabé.

Retomaremos este episodio un par de veces a lo largo de este libro, dado que David es un ejemplo fundamental de hasta qué punto se pueden complicar las cosas, y también de cómo podemos encontrar la sanación y el perdón de Dios incluso dentro del contexto de errores terribles.

---

5. G. K. Chesterton, "The Thing", *The Collected Works of G. K. Chesterton, Vol. 3* (San Francisco, Ignatius Press, 1986), p. 157.

David hizo que una de sus súbditas, Betsabé, que era una mujer casada, se acostase con él. Ella quedó embarazada, de modo que el rey dispuso las cosas para que su marido, que era soldado y se llamaba Urías, disfrutase de unos días de permiso en su casa junto a su esposa, abandonando el campo de batalla. Así la gente daría por hecho que el bebé pertenecía a Urías. La estratagema no funcionó, de modo que David organizó las cosas para que Urías muriese durante la batalla, e inmediatamente se casó con Betsabé.

Algún tiempo después de que sucediera esto, un hombre valiente llamado Natán echa en cara a David la maldad que había cometido. David recupera el buen juicio; le conmociona la profundidad de su propia perversidad. Se siente profunda y pertinentemente arrepentido. Debemos tener en cuenta que sigue siendo rey. No estamos hablando del remordimiento de alguien que había sido descubierto y depuesto; sigue ocupando el trono. Podría mandar que matasen a Natán. Lo que le lleva a arrepentirse no es la opinión pública ni una amenaza contra su posición, sino su propia conciencia delante de Dios.

David escribe una intensa oración poética a Dios en la que admite lo que ha hecho. En determinado momento escribe lo siguiente:

> *Contra ti, contra ti solo he pecado, y he hecho lo malo delante de tus ojos.*

> SALMOS 51:4

A primera vista, esto parece muy inapropiado. Da la sensación de que David está pasando convenientemente por alto el precio humano de sus actos y lo considera simplemente "un asunto espiritual" entre él y Dios. Suena a evasiva, como si David no estuviera admitiendo el pleno alcance de lo que ha hecho.

Pero en realidad, lo que sucede es justo lo contrario. David se da cuenta de que lo que le ha hecho a Betsabé es un pecado contra Dios precisamente porque *la integridad sexual de esa mujer es algo que Dios le ha dado*. La violación de Betsabé a manos de David es nada menos que una traición contra Dios. Lejos de minimizar la gravedad de su pecado contra Betsabé y Urías, la oración de David *acepta la responsabilidad* de ese pecado.

Veamos otra manera de decir lo mismo: *toda agresión sexual es una violación de un espacio sagrado*. Maltratar a alguien es maltratar a un ser que Dios ha creado. Las otras personas no son una tercera parte irrelevante: son individuos a los que Dios decidió crear y por los cuales se interesa profundamente. Abusar de ellos es una afrenta contra Dios.

Esta creencia nos proporciona un fundamento necesario para decir que la agresión sexual está objetiva y universalmente mal, porque sitúa el motivo en quiénes son las víctimas para Dios. Él las creó. Si las perjudicas acabarás enfrentándote al propio Dios. Esto es lo que nos advierte el propio Jesús en su enseñanza contra el adulterio.

Con quién nos acostamos es importante. También lo es con quién *imaginamos* que nos acostamos. Si Dios nos ama, le interesará nuestra sexualidad. Es algo precioso. Violarla, como veremos a continuación, es grave.

2
¿Qué valor tiene una niña pequeña?

Rachael Denhollander se hizo famosa durante el juicio de Larry Nassar. Nassar fue osteópata en la Michigan State University y después fue el médico del equipo nacional de gimnasia de Estados Unidos, y fue juzgado por agredir sexualmente a docenas de mujeres jóvenes y de niñas.

Denhollander hizo una declaración impactante en el juicio, y algunos extractos de esta se hicieron virales online. La parte más importante de su declaración ante el juez era una dura pregunta: *¿qué valor tiene una niña pequeña?*

> *Le pido que dicte una sentencia que nos diga que lo que nos hicieron es importante, que somos visibles, que valemos mucho, que merecemos la máxima protección que pueda ofrecer la ley, el máximo grado de justicia disponible.*
>
> *Y a todos los que nos están viendo les formulo la misma pregunta: ¿Qué valor tiene una niña pequeña?*

Concluía con estas palabras:

> *Juez Aquilina, le ruego que mientras delibera sobre la*
> *sentencia que dictará contra Larry transmita el mensa-*
> *je de que estas víctimas tienen un inmenso valor. Con*
> *esto satisfará los dos objetivos de este tribunal. Le ruego*
> *que imponga la sentencia máxima según el acuerdo ne-*
> *gociado de aceptación de culpabilidad, porque eso es*
> *justo lo que merecen estas supervivientes.*[6]

¿Qué valor tiene una niña pequeña? Esta es una pregunta a la que Jesús da una respuesta clarísima. Es tan valiosa que es incluso invaluable. Por lo tanto, su integridad sexual es enormemente importante para él. Jesús dice lo que dice sobre el sexo en el sermón del Monte no porque tenga un concepto ínfimo del sexo, sino porque tiene un concepto muy elevado de la sexualidad humana.

A menudo ha pasado que algunas personas han rechazado el cristianismo debido a su concepto supuestamente mojigato de estos asuntos. Pero ¿qué pasaría si, en realidad, fuera al contrario? ¿Y si en el fondo nuestra integridad sexual fuera mucho más preciosa de lo que habíamos podido imaginar?

Un escritor ha comparado nuestro concepto de la sexualidad con nuestra actitud frente a tener distintos tipos de coche: cuanto más caro es el coche, mejor intentamos cuidar de él.[7]

Yo me identifico con esto. Hace cosa de un año ejercí como miembro invitado del profesorado de una universidad estadounidense durante un semestre, y necesitaba un coche para desplazarme. Un amigo me ofreció amablemente el uso de su vieja camioneta siempre que la necesitase, lo cual fue

---

6. Puedes leer la totalidad de la declaración de Denhollander, que tuvo un impacto extraordinario, en la CNN, en la siguiente dirección: www.bit.ly/occasleep4 (consultada el 21 de agosto de 2019).

7. John Dikcson, *A Doubter's Guide to the Ten Commandments* (Zondervan, 2016), p. 135.

un acto de generosidad no exento de cierta imprudencia. Yo soy británico y en mi vida había conducido en Estados Unidos, de modo que siempre existía el riesgo constante de que me metiera por el carril equivocado de la carretera.

Pero luego resultó que eso no era un riesgo tan grande; no porque mi habilidad como conductor fuera mejor de lo que me esperaba, sino debido al estado de la camioneta. Era vieja, pero vieja de verdad, y había superado con creces su esperanza de vida. Daba igual lo que pudiera pasarle. No tenía mucho valor para mi amigo, de modo que, por lo que a él respectaba, podía circular por donde quisiera y pasármelo en grande. A esas alturas otra abolladura, raspón o junta reventada no iban a suponer una gran diferencia.

De todos modos, era una oferta generosa, y se lo agradecí. La habría aceptado de no ser por un factor de peso: otro miembro del personal me había ofrecido el uso de un vehículo alternativo, y este era un precioso descapotable. No me lo podía creer. Digamos simplemente que en el caso de ese coche, *sí* que sería importante cómo lo condujese. Valía muchísimo más que la camioneta. No tenía ni un raspón en ninguna parte, y yo tenía que mantenerlo como estaba. Merecía que lo cuidase con esmero.

En otras palabras, tener un cuidado exhaustivo de algo suele ser indicio de su valor especial, una señal de cuánto lo valoramos. Si yo, como cristiano, tengo mucho cuidado con el uso que le doy a mi cuerpo, quizá pienses que lo hago porque tengo un concepto bajo de la intimidad física, porque creo que, en cierto sentido, es desagradable o degradante. En realidad, lo hago porque considero que los cuerpos (el mío, el tuyo y el de todo el mundo) son como descapotables, no como camionetas hechas polvo.

Soy muy cuidadoso con la intimidad física no porque la valore *muy poco*, sino porque la valoro *muchísimo*.

EN QUÉ NOS HEMOS EQUIVOCADO

La realidad es que los creyentes cristianos no siempre han comprendido o reflejado con precisión este paradigma de la sexualidad humana. El estereotipo de que los cristianos son mojigatos y negativos respecto al sexo tiene cierta base en la experiencia, porque con el transcurso de los años algunos cristianos lo han perpetuado.

Un ejemplo lo hallamos en la Edad Media. Las autoridades de la Iglesia prohibieron el sexo los jueves (el día en que Cristo fue arrestado), los viernes (el día de la muerte de Cristo), los sábados (en honor a la virgen María) y los domingos (en honor a los santos difuntos).[8] Es difícil eludir la sensación de que en esa época a los líderes cristianos no les gustaba nada que la gente tuviera relaciones sexuales. Imagino a algunos de ellos rompiéndose la cabeza para inventarse algún motivo para abstenerse del sexo los lunes, los martes y los miércoles.

Hoy en día prácticamente nadie llegaría a ese extremo, pero sigue dándose el caso de que dentro de la Iglesia hay muchos que siguen creyendo que el sexo es algo *malo*. Pero esto no es más que una idea errónea.

Hace algún tiempo di una conferencia en una iglesia sobre un pasaje bíblico que hablaba del sexo, y cuando acabó la reunión se me acercó un miembro de la congregación, inquieto, para decirme que el sexo no es un tema idóneo para tocarlo un domingo por la mañana. Intenté hacerle ver que la propia Biblia habla mucho del sexo y de la sexualidad, y que originariamente este pasaje (junto con el resto de la epístola a la que pertenecía) se habría leído en voz alta a la iglesia al que iba destinado. Con frecuencia la Biblia es menos mojigata que algunos de sus afanosos lectores.

---

8.   Véase Philip Yancey, *Designer Sex* (InterVarsity Press, 2003), p. 7.

Pero aunque algunos cristianos aún sigan esta línea, la Biblia demuestra enfáticamente que *no* está en contra del sexo, sino todo lo contrario.

Podemos apreciar una pincelada de la perspectiva bíblica, más equilibrado, en la enseñanza del apóstol Pablo, autor de buena parte del Nuevo Testamento. En una de sus cartas a la iglesia de una ciudad llamada Tesalónica, en lo que hoy día es Grecia, Pablo empieza a esbozar algunas de las implicaciones de la fe cristiana para la vida cotidiana, y empieza hablando del área de la sexualidad humana:

> *Pues la voluntad de Dios es vuestra santificación; que os apartéis de fornicación.*
>
> 1 Tesalonicenses 4:3

Este versículo resume el concepto bíblico del sexo. Pablo no dice "evitad toda conducta sexual", como si el sexo fuera un problema en sí mismo y los cristianos debieran evitarlo.

Esto es importante. Los cristianos *sí* creen que hay una categoría de conducta sexual que está mal. (En realidad, *todos nosotros* lo creemos, como veremos más adelante.) Pero también existen tipos de conducta sexual que en la Biblia se consideran plenamente positivos y correctos. De hecho, la Biblia *celebra* estas formas de intimidad sexual; no es en absoluto mojigata en el sentido que muchas personas imaginan. Dentro de estos contextos, el sexo es algo de lo que hay que disfrutar a fondo. Contrariamente a la opinión pública, Pablo *no* está en contra del sexo.

Lo que sí hace el apóstol *es* prohibir *algunos* tipos de sexo. Hay que evitar *algunas* formas de comportamiento sexual. Pablo dice que existe algo llamado "inmoralidad sexual", y urge a sus lectores a que la eviten a toda costa.

RESTRICCIONES Y LIBERTADES

Es posible que muchas personas pongan los ojos en blanco al leer esto. A lo mejor se confirman sus sospechas: que en realidad el cristianismo consiste más en la restricción sexual que en la libertad sexual. ¿Qué derecho tienen los cristianos a regular lo que hace una persona en la privacidad de su dormitorio?

Pero un momento de reflexión nos indica que *todos nosotros* creemos en cierto tipo de restricción sexual. Incluso los defensores más ardientes de la libertad sexual admiten que son necesarios *algunos* límites; lo único que pasa es que esos límites se dan por hecho muy a menudo y no admitimos necesariamente que están ahí y que son límites.

Tomemos por ejemplo el tema del consentimiento. Resulta fácil pensar que la necesidad de consentimiento es tan evidente que apenas hace falta afirmarla. Cuando he sugerido que la necesidad de consentimiento es un motivo por el que no podemos decir simplemente "habría que permitir a cada uno hacer lo que quisiera", la respuesta siempre ha seguido la línea de "bueno, *por supuesto* que el consentimiento es necesario, eso es *evidente*".

Pero el movimiento *#MeToo* es una evidencia de que esto no es así. La necesidad de consentimiento es un límite que hemos dado por hecho, y ahora vemos la necesidad de definirlo y aplicarlo adecuadamente.

Parece que solo ahora nos hemos dado cuenta de las maneras en las que, abierta o sutilmente, muchas personas se han visto obligadas a mantener relaciones sexuales en las que no querían participar. Los campus universitarios tienen que estipular con exactitud qué constituye el consentimiento legal: que cada paso en el que se aumente la intimidad física debe ir precedido por un asentimiento verbal inequívoco.

E incluso cuando existe un consentimiento verbal, somos conscientes de cómo pueden actuar las dinámicas de poder.

Si un magnate de Hollywood sugiere a una joven actriz en apuros que mantengan cierto tipo de contacto sexual, queda claro que el campo de juego no está equilibrado. Uno tiene control sobre la fortuna y el éxito de la otra. Aun cuando ella dé su consentimiento verbal, existe una elevada probabilidad de que no sea sincera si siente que esa relación es algo de lo que dependerá el éxito futuro de su carrera.

Una de las acusadoras del productor Harvey Weinstein lo expresó de la siguiente manera:

> *Soy una mujer de 28 años que intenta ganarse la vida y labrarse una carrera. Harvey Weinstein es un hombre de 64 años, conocido en el mundo, y esta es su compañía. El equilibrio de poder es: yo, 0; Harvey Weinstein, 10.*[9]

Es decir, no basta con decir simplemente que las restricciones de los deseos sexuales de una persona son retrógradas e innecesarias. Es posible que los deseos sexuales de una persona sean coaccionar y forzar a otro individuo. Puede que esta sea su expresión predominante de la sexualidad; pero no es una licencia para expresarla. Hay algo más importante que la libertad que tiene una persona para satisfacer sus deseos sexuales. Siempre existe la necesidad de que haya cierto tipo de limitación externa a la conducta sexual.

El otro límite que solemos dar por sentado que es necesario es que las partes que consienten sean dos adultos. Admitimos que los menores son tan vulnerables que, incluso si prestan su consentimiento, no podemos pensar que se haya obtenido sin que medie cierto tipo de coacción o de manipulación. De modo que, de forma correcta, establecemos límites legales al contacto sexual, incluso en el caso de adolescentes mayores que todavía no son adultos del todo. Una vez más, las

---

9. *New York Times*: www.bit.ly/occasleep5 (consultada el 21 de agosto de 2019).

revelaciones recientes sobre el abuso sexual de niños nos han demostrado que ese límite no puede darse por hecho.

¿DÓNDE ESTÁN LOS LÍMITES?

Por lo tanto, en general *no* creemos en una libertad sexual ilimitada tanto como en ocasiones afirmamos creer. La cuestión no es si debería haber restricciones sobre lo que un individuo puede hacer sexualmente, sino cuáles son esas restricciones. Todos creemos en la necesidad de que existan; la cuestión es cuáles deben ser. Todos estamos de acuerdo en que existen conductas sexuales inmorales. No todos los deseos sexuales son igual de saludables, nobles o correctos. Hay tipos de conducta sexual que son perjudiciales. *Todo el mundo* necesita tener cierto grado de autocontrol sobre sus deseos sexuales.

Por consiguiente, lo que es distintivo del concepto cristiano de la ética sexual no es la presencia de límites, sino dónde están esos límites y por qué. La cuestión no es que los cristianos estén a favor de la represión sexual y otros sean adalides de la libertad sexual. Nadie aboga por la libertad sexual plena, y todo el mundo cree que hay que resistirse a determinados deseos sexuales. Lo que tenemos que hacer es examinar cada conjunto de límites y evaluar hasta qué punto son sólidos sus razonamientos. Los límites más amplios no son necesariamente mejores, igual que los más estrechos no son necesariamente peores. Descartar el concepto cristiano de la ética sexual como algo meramente "restrictivo" es pura hipocresía.

Nuestra reciente conciencia creciente de la prevalencia y de las consecuencias de la agresión sexual no hace más que subrayar la importancia que tienen los límites. Nos interesan los límites precisamente porque estamos convencidos de que la sexualidad es importante, y que abusar de ella es grave. Esto no es mojigatería, sino protección.

NO SOLO FÍSICO

El hecho de que determinados límites son necesarios nos indica algo más: cuando decimos que el sexo es algo solamente físico, en realidad no lo creemos.

En 1999, Bloodhound Gang publicó el tema *The Bad Touch* ("El mal contacto"). Su estribillo decía:

Tú y yo, cariño, no somos más que mamíferos, así que hagámoslo como lo hacen en Discovery Channel.[10]

A veces tenemos tendencia a pensar así: que en lo tocante al sexo no somos más que animales. Simplemente obedecemos los mismos instintos físicos que compartimos con el resto del mundo natural, así que, ¿por qué hay que ser tan quisquillosos? Pero en el fondo sabemos que no es cierto. En cualquier otra área de la vida nos decimos unos a otros precisamente lo contrario: "¡No seas animal!". Es evidente que lo que creemos sobre lo que nos diferencia de los animales debe aplicarse al sexo tanto como a todo lo demás.

En la película que hizo Ron Howard en 2001, *Una mente maravillosa*, Russell Crowe interpreta el papel de un matemático brillante pero con cierta torpeza social, John Nash. En un momento de la película conoce a una mujer atractiva en un bar, y es evidente que no tiene ni idea de qué decirle.

"Podrías invitarme a una copa", le sugiere ella.

Nash contesta:

No sé qué es lo que se espera que diga para que tengas relaciones sexuales conmigo, pero ¿podríamos fingir que ya lo he dicho todo? Solo se trata de un intercambio de fluidos, ¿no?

---

10. Letra de James M. Franks. Agradezco a Glen Scrivener que me llamara la atención sobre esta canción.

Por lo que a él respecta, esto no es más que una transacción física, de modo que pueden permitirse saltarse los preámbulos y acordar, simplemente, tener sexo. No es más que un "intercambio de fluidos", como si no tuviera más importancia que un apretón de manos.

Pero esta manera de pensar es manifiestamente errónea. No somos solo animales. El sexo no es solo físico. Por mucho que tengamos en común con el reino animal, está claro que tenemos expectativas distintas sobre lo que debe incluir el sexo. Por el mero hecho de que en la naturaleza sucedan determinadas cosas, y porque también nosotros somos criaturas, no quiere decir que podamos imitar los comportamientos que vemos en la naturaleza y esperar que funcione. Puede que hasta cierto punto seamos animales, pero también somos mucho más que eso. A menudo, lo que para los animales es solamente físico es mucho más significativo para nosotros.

Nash descubre esto por las malas. Después de sugerir que el sexo es esencialmente "un intercambio de fluidos", la mujer le da un bofetón y se marcha del local. Como público, la entendemos perfectamente. Nash era incapaz de entender algo profundo y vital.

El hecho es que nos interesa enormemente con quién nos acostamos. Nuestros instintos nos dicen que es importante. La experiencia (la nuestra o la de otros) nos demuestra que el acoso y la agresión sexual nos afectan muy profundamente, como nos lo han demostrado las desgarradoras declaraciones de Caitlin Flanagan y de muchas otras personas. Es innegable que el sexo involucra mucho más que nuestros cuerpos. La actividad sexual no es trivial. Según parece, en nuestra manera de concebir la sexualidad humana hay tanto en juego que es justo decir que en realidad el sexo casual no existe. El escritor y orador Glen Scrivener me comentó en cierta ocasión que el sufrimiento de una agresión sexual no es el dolor propio de una raspadura en la rodilla, sino el trauma de un espacio sagrado que se ha profanado. Es posible que nuestros cuerpos no sean juguetes, sino más bien templos.

Y estas son cosas que podemos percibir. A veces la experiencia nos obliga a admitirlas. Por sorprendente que parezca, la Biblia dispone de los recursos que nos ayudan a explicar realmente estos sentimientos y experiencias. Es indiscutible que es importante con quién nos acostamos. La fe cristiana, más que cualquier otra, nos demuestra por qué es así: porque a nuestro Creador le interesa profundamente.

3
¿Para qué sirve el sexo?

En un día cualquiera, en este mundo parece haber material más que suficiente para que nos preocupemos.

Tan solo un rápido vistazo a una aplicación de noticias me recuerda que existe una tremenda inestabilidad política a ambos lados del Atlántico Norte, una creciente beligerancia por parte de uno o dos pesos pesados geopolíticos al otro lado del mundo, inquietud por el estado del medio ambiente y el potencial coste humano, los retos económicos habituales en nuestro país y en el extranjero, y la presencia constante y trágica de conflictos, injusticias y explotación. No es que falten temas de peso para ocupar nuestro pensamiento.

Por esto puede parecer extraño que durante los últimos meses haya surgido un nuevo interés que ha ido adquiriendo publicidad: resulta que *actualmente los jóvenes están teniendo menos relaciones sexuales*. Esto se ha bautizado como "la recesión sexual". *The Atlantic* informó recientemente que "en el lapso de una generación, el sexo ha pasado de ser algo que la mayoría de alumnos de secundaria había experimentado a ser algo que la mayoría no ha practicado". Y sigue diciendo: "La probabilidad de que las personas de veintipocos de esta generación se abstengan del sexo es dos veces y media más alta de la que tuvieron los miembros de la generación X hace quince años; el 15% de ellos declara no haber tenido contacto sexual alguno desde que entró en la edad adulta". *The Economist*, en esta misma línea, destaca que:

> *El sector de estadounidenses de entre 18 y 29 años que afirman no haber tenido sexo durante un año ha aumentado más del doble en una década, llegando al 23% el año pasado.*[11]

Esta aparente tendencia a la baja en la actividad sexual ha preocupado a los investigadores, que temen que se trate de un indicador de un problema más profundo de esta generación emergente.

También ha sido una sorpresa. Después de todo, se piensa que la sociedad occidental es más relajada sexualmente y más tolerante que nunca. La tecnología de los *smartphones* ha garantizado también que el sexo (real y virtual) sea más accesible de lo que nadie habría podido imaginar hace solo unos pocos años. Y aun así, según la mayor parte de los datos, los adolescentes son mucho menos activos sexualmente que hace veinticinco años. Parece que vivimos en una época en la que el sexo nos interesa más, pero lo practicamos mucho menos.[12]

No hace falta decir que los investigadores están trabajando para identificar factores que puedan explicar esta tendencia.

---

11. The Atlantic, diciembre de 2018. www.bit.ly/occasleep6 (consultada el 21 de agosto de 2019).
12. Aunque según parece el interés se centra más en las personas más jóvenes (de las que se podría esperar que tuviesen un grado más elevado de actividad sexual), también es cierto de los adultos. Durante la década pasada o poco más, el estadounidense adulto medio ha pasado de tener sexo 62 veces al año a tenerlo 54.

Se han buscado diversos culpables: desde las aplastantes presiones económicas hasta el creciente índice de ansiedad, pasando por la distracción cada vez mayor que ofrecen los servicios de *streaming* como Netflix, llegando a la ubicuidad de la pornografía digital, la "cultura del polvo", los patrones sanitarios actuales, las dudas sobre cómo mantener relaciones románticas en la cultura del *#MeToo* y la "paternidad helicóptero".

Sean cuales fueren las causas, nadie parece negar la realidad. Las actitudes frente al sexo están cambiando, y no siempre sabemos en qué dirección lo harán. Las cosas podrían tener un aspecto muy distinto dentro de unos pocos años. Parece que cada vez disminuye más entre los jóvenes la motivación para tener relaciones sexuales, aunque no podamos identificar los motivos por los que ocurre.

Y sin embargo, en un contexto donde el único sexo que interesa cada vez a más personas es el virtual, o el sexo actuado de la pornografía y la televisión explícita, la Biblia nos ofrece motivos positivos y sin remordimientos para valorar el sexo *real*. Ya hemos visto que la caricatura que dice que el cristianismo se opone al sexo es imprecisa, al menos en lo que respecta a la Escritura. Para nosotros es importante con quién nos acostamos, y resulta que a Dios también le importa. Tenemos que entender por qué es así, y es posible que la respuesta te sorprenda.

POR QUÉ ES IMPORTANTE EL SEXO REAL

El punto de partida es darse cuenta de que el sexo es importante para Dios porque las personas le importan. El primer capítulo de la Biblia deja esto claro, porque allí vemos el relato de cómo Dios creo el mundo.[13] Las palabras no son un

---

13. Hay muchas y buenas preguntas sobre cuánto se afirma histórica y científicamente en este pasaje. Son preguntas estupendas para formularlas, pero nos apartan

árido informe, sino más bien una *celebración* gozosa de un Dios que obra en la Creación; en el pasaje detectamos ritmo y poesía. Vemos cómo Dios forma y llena este mundo, y todo alcanza su punto culminante con la llegada de la humanidad:

> *Entonces dijo Dios: Hagamos al hombre a nuestra imagen, conforme a nuestra semejanza; y señoree en los peces del mar, en las aves de los cielos, en las bestias, en toda la tierra, y en todo animal que se arrastra sobre la tierra. Y creo Dios al hombre a su imagen, a imagen de Dios lo creó; varón y hembra los creó.*
>
> GÉNESIS 1:26-27

Puede que estas palabras te resulten familiares, y a muchos la idea de que las personas están hechas a imagen de Dios les parecerá algo evidente por sí mismo. Pero hemos de fijarnos en un par de cosas implícitas en este concepto.

Hasta ahora, en el relato de cómo Dios creo el mundo, los actos de creación han tenido lugar mediante una orden verbal de Dios, como por ejemplo "hágase la luz". Dios lo anuncia y sucede. Hace que las cosas existan tan solo con sus palabras. Esto es lo que pasa con cosas como la noche y el día, la tierra y el mar, el sol y la luna, las plantas, los animales, los peces y las aves.

Pero con las personas no es así.

A la hora de crearnos, parece que Dios delibera unos instantes. No se limita a decir "hágase el ser humano", como si este fuera un complemento estético para la Creación. Dice "haga*mos*". Esto sugiere de inmediato que está a punto de hacer algo especial, como si participase más directamente en este acto concreto de creación.

---

demasiado del tema de este libro. Un magnifico punto de partida sobre el tema podría ser el libro de John Lennox ¿Puede la ciencia explicarlo todo? (Editorial Clie, 2020).

POR QUÉ ERES ESPECIAL

No tenemos que esperar mucho para averiguar por qué. Lo que justifica la introducción especial a este acto es que Dios está a punto de hacer algo a su "imagen" o "semejanza". Génesis 1 expone que los seres humanos somos como todas las demás criaturas del mundo en el sentido de que fuimos creados por Dios y dependemos de él para vivir, pero también (y esto es importante) somos distintos a *cualquier otro ser* en este mundo, dado que somos los únicos que reflejan una parte de cómo es Dios. Los dálmatas, los delfines, las dalias y los Dolomitas son cosas maravillosas, pero nosotros somos los únicos hechos a imagen de Dios.

Esta idea es fundamental para nuestra manera de pensar en todos los aspectos de nuestras vidas como personas, y las implicaciones son inacabables. De entrada, significa que la persona que acaba de cruzarse con el coche delante de mí en la carretera, que me ha obligado a pisar el freno y hacer que el contenido de mi vehículo acabe aterrizando en el salpicadero, es alguien que (a pesar de este acto concreto) se parece más a Dios que cualquier otro tipo de criatura sobre la faz de la Tierra. Es posible que para mí tenga un aspecto de lo más ordinario, pero no lo es. Nadie es ordinario. Todos tenemos un valor incalculable a los ojos de Dios. Él nos hizo para que reflejásemos una parte de lo que él es. Toda vida es un don de Dios, pero la vida humana tiene un valor distintivo y único.

En la vida humana hay algo sagrado. La mayoría de nosotros lo percibimos. No somos indiferentes al bienestar de otras criaturas, y es correcto que así sea. Pero sabemos que la vida humana es importante en un sentido único. Cuando alguien trata a una mascota como a una persona, nos parece un poco extraño; pero cuando alguien trata a un ser humano como a un animal, sabemos en lo más hondo que es un acto terriblemente grave. Sean cuales sean nuestros errores (y la Biblia nos dice que cada uno de nosotros comete muchos), aún somos parte de la imagen de Dios, por incompleta e imperfecta que esta sea.

Esto ya empieza a señalarnos la importancia del sexo. Mi amigo y colega Abdu Murray lo expresa de esta manera:

> *El carácter sagrado del ser humano nos lleva a entender por qué la sexualidad humana es sagrada y por qué hay que protegerla. Cuando le hacemos carantoñas a un bebé no estamos observando fríamente un mero organismo. Contemplamos… a alguien que lleva la huella dactilar de Dios. El sexo entre un hombre y una mujer es el único medio por el cual llega al mundo un ser tan precioso como ese. Y dado que un ser humano es el producto sagrado del sexo, el proceso sexual mediante el cual se forma esa persona también es sagrado.[14]*

Teniendo en cuenta el valor único de la vida humana, la creación de una nueva vida humana debe ser profundamente importante. Si las personas son algo tan valioso, no nos sorprende que el medio por el que somos formados resulte serlo también.

En Estados Unidos se está acuñando una moneda nueva. La Oficina de Grabado e Impresión, que forma parte del Departamento del Tesoro, es la encargada del proceso. Acuñar una moneda no es poca cosa; se trata de un proceso intrincado y caro. Además de las partes más evidentes del proceso, como son el diseño y el grabado, hay detalles específicos menos conocidos como la siderografía, un proceso en el que se combinan diversos elementos para crear lo que vemos en el anverso y en el reverso de los billetes de banco.

---

14. Abdu Murray, *Saving Truth* (Zondervan), p. 137.

La herramienta más grande que se usa en todo el proceso es una máquina que se llama "Gran Sistema de Examen de Impresión". Es un aparato que mide 44 metros (casi la mitad de la longitud de un campo de fútbol) y que contiene veinte cámaras que realizan diversas verificaciones e inspecciones. No hace falta decir que tanto esta tecnología como el proceso del que forma parte no son baratos. El presupuesto de 2019 para emitir billetes y monedas en Estados Unidos fue de 955,8 millones de dólares.

Esto no debe sorprendernos. El dinero es, obviamente, valioso. Por lo tanto, el proceso por el que se fabrica nunca podría ser barato.

Si la vida humana es sagrada para Dios, el proceso mediante el cual se forma una vida humana nueva también será sagrado. Así de importantes somos los seres humanos. Dios se preocupa tanto por el sexo porque se preocupa por nosotros. Es importante porque nosotros lo somos. ¿Cómo iba a ser de otra manera? Sería difícil imaginar a un Dios que considera que cada vida humana es preciosa y que se mostrase indiferente al proceso mediante el cual se forma esa vida humana.

Y ese proceso es necesario para la misión que Dios confiere a los humanos en el relato de la Creación.

LLENAR LA TIERRA

El primer propósito que describe la Biblia para el sexo es la procreación:

> *Y los bendijo Dios, y les dijo: Fructificad y multiplicaos; llenad la tierra, y sojuzgadla, y señoread en los peces del mar, en las aves de los cielos, y en todas las bestias que se mueven sobre la tierra.*
>
> GÉNESIS 1:28

Este mandamiento no es arbitrario. Si las personas son hechas a imagen de Dios, él quiere que su imagen llene la Tierra, que todo el mundo refleje perfectamente quién es él. Por consiguiente, a los portadores de su imagen se les ordena que reproduzcan su imagen de modo que pueda extenderse por todo el globo terráqueo, y que la presencia y el gobierno amoroso de Dios queden representados a la perfección por medio de su pueblo.

En otras palabras, el sexo fue idea de Dios, no nuestra. No es algo que descubriésemos cuando Dios no miraba. Tampoco es algo que él nos ha permitido practicar a regañadientes. Su primer mandato para la humanidad en la Biblia involucra y necesita el sexo.

Dentro de nuestra cultura tendemos a pensar en el sexo principalmente (y en algunos casos exclusivamente) como algo *recreativo*. No es otra cosa que un medio para disfrutar, que no tiene consecuencias reproductivas indeseadas. Cada vez entendemos más esta libertad sexual como un derecho fundamental, y todo lo que parezca un obstáculo para ella supone una amenaza existencial. Por incómodo que pueda ser, la Biblia contradice esta forma de pensar. El sexo se introduce en el contexto de la reproducción. Su objetivo es la creación de vida nueva. El intento de desvincularlo por completo de este contexto y este propósito más amplios supone malinterpretarlo, e incluso usarlo indebidamente.

Esto no quiere decir que el sexo solo tenga un propósito reproductivo. Sin duda, en la Biblia no *solo* es recreativo, pero tampoco es *solo* procreativo. El segundo capítulo de Génesis nos subraya esta conclusión. El sexo tiene otro propósito claro.

LA CREACIÓN DE LA "UNIDAD"

El relato de la Creación en Génesis se compone de dos partes. Hemos tocado la primera, que es una visión de la

Creación "con un gran angular". La segunda se centra en la primera pareja humana, Adán y Eva. Allí encontramos el relato de su encuentro y de su relación:

> *Dijo entonces Adán: Esto es ahora hueso de mis huesos y carne de mi carne; ésta será llamada Varona, porque del varón fue tomada. Por tanto, dejará el hombre a su padre y a su madre, y se unirá a su mujer, y serán una sola carne. Y estaban ambos desnudos, Adán y su mujer, y no se avergonzaban.*
>
> GÉNESIS 2:23-25

Adán celebra la creación de Eva. Admite inmediatamente que ella está hecha del mismo "material" que él, a diferencia de los animales, que hasta ese momento habían sido su única compañía. Ella es única. Está hecha a partir de él y como él de una manera que no es aplicable a nada más. Son complementarios; fueron creados literalmente el uno para el otro. Por lo tanto, no nos sorprende ver que se relacionan físicamente.

Esto es significativo. El hecho de que la Biblia empiece con esta imagen como la primera escena de interacción humana es sin duda importante. El resultado de la esta escena nos demuestra por qué: los dos se han vuelto "una sola carne". En otras palabras, el sexo forma parte del proceso por el cual los dos se hacen uno. Su objetivo es que tenga un efecto profundamente unificador sobre dos personas.

Esto es lo que confiere tanto poder al sexo. Y al igual que cualquier otra fuerza potente, es necesario usarlo correctamente, lo cual supone que se use dentro del entorno adecuado. Resulta útil pensar en el sexo como en el fuego.

Estoy escribiendo estas palabras en la sala de estar de otra persona, una estancia dominada por una chimenea grande y ornamentada. Es el único lugar de toda la casa donde podemos encender un fuego. Si encendemos un fuego ahí, tendremos luz, calor y vida. Si encendemos un fuego en cualquier otra parte será peligroso, destructivo e incluso puede que ponga vidas en peligro. En el lugar adecuado puede mejorar una casa; en el equivocado, puede arrasarla hasta los cimientos.

El sexo es así; es un tipo de "fuego santo".[15] Dentro del contexto idóneo, expresa y profundiza una forma particular de amor. En el contexto equivocado, puede generar un sufrimiento y una destrucción desmesurados. Por eso la Biblia insiste en que el sexo pertenece solo a un entorno determinado. Dentro de este, el sexo puede ser un don de Dios. Fuera del contexto adecuado, puede ser perjudicial.

Esto no se puede eludir fácilmente. De principio a fin, la Biblia habla del sexo como la unión en una sola carne de un hombre y una mujer, diseñado y destinado al contexto del matrimonio. Incluso cuando escribo estas líneas siento lo profundamente ofensivas que suenan en esta época. Puede que el hecho de restringir el sexo de esta manera te parezca arbitrario (puede que incluso nocivo), pero si puedes seguir leyendo, te ruego que te quedes el tiempo suficiente para saber *por qué* la Biblia enseña esto, por difícil que pueda sonarte ahora mismo. Lo creas o no, los cristianos consideran que este marco para el sexo es la plasmación práctica de un mensaje tremendamente positivo sobre el significado del varón y de la mujer, y de nuestra necesidad de tener un vínculo profundo como seres humanos.

Todo esto se encuentra contenido en esa brevísima expresión, aparentemente inofensiva, "una sola carne". Describe más que un simple vínculo de amor adulto que podría darse independientemente del género o del número de personas involucradas. En la Biblia, "una sola carne" nos cuenta en realidad una historia, un relato que nos involucra a todos.

---

15. Agradezco esta expresión a Glen Scrivener.

Establece los límites que ha puesto Dios al sexo y también apunta a la naturaleza gloriosa de este.

EL SEXO Y LA (RE)CONEXIÓN

En el relato de la creación de Eva leemos que Dios hace caer a Adán en un sueño profundo, le quita una costilla y a partir de ella forma a Eva (Gn. 2:21-22). Adán admite esto en su reacción inicial a Eva: "pues del varón fue tomada". Cuando se juntan en la unión sexual, esto supone una reconexión de la carne que se había separado en la creación de la mujer. Su unión viene a ser una reunión.

El escritor Ronald Rolheiser encuentra evidencias de esto incluso en la palabra *sexo*:

> *La palabra sexo tiene una raíz latina, el verbo secare. En latín, secare significa (literalmente) "cortar", "separar", "amputar", "desconectar de un todo".*

Esto resulta un tanto perturbador, pero Rolheiser termina con esta potente conclusión:

> *Mucho antes de que siquiera tengamos conciencia de nosotros mismos, y mucho antes de que alcancemos la pubertad, el momento en que el epicentro de nuestra sexualidad es el deseo sexual, nos sentimos dolorosamente sexuados en cada célula de nuestro cuerpo, nuestra psique y nuestra alma... Nos despertamos al mundo y en cada célula de nuestro ser sentimos ese dolor, consciente o inconsciente, la sensación de que estamos incompletos, nos falta algo, estamos solos, separados; que somos una pequeña parte de algo que otrora fue parte de un todo.[16]*

---

16. Ronald Rolheiser, *The Holy Longing: The Search for a Christian Spirituality* (Nueva York: Image, 1998, 2014), pp. 193-194.

En otras palabras, nuestro anhelo de completitud no se centra en la unión física, sexual, como si esta por sí sola nos hiciera sentirnos plenos y enteros. No, nuestro deseo sexual es un reflejo especialmente agudo de un deseo mucho más profundo que tenemos todos: el de estar completos. La reunión de Adán y Eva es una imagen de esa totalidad más plena que todos buscamos con tanto ahínco.

EL SEXO Y LA INTERDEPENDENCIA DE LOS GÉNEROS

Génesis 1 – 2 también nos dice algo importante sobre la relación entre el hombre y la mujer:

> *Y creó Dios al hombre a su imagen, a imagen de Dios lo creó; varón y hembra los creó.*
>
> Génesis 1:27

El hecho de que fuéramos creados varón y hembra está ligado a nuestra creación a imagen de Dios. Es evidente que los seres humanos no son las únicas criaturas que se dividen en macho y hembra. Convivo con un perro, un gato y dos gatas. Pero los humanos somos las únicas criaturas donde esta diferenciación sexual conlleva este tipo de relevancia: estos versículos de Génesis 1 nos indican que *nos necesitamos mutuamente*, como hombres y mujeres, para ser una imagen mejor de Dios. No es que los hombres y las mujeres constituyan por separado una mitad de la imagen de Dios y necesiten a la otra para completarla. No, cada uno está ya hecho a imagen de Dios, pero en la interacción entre ambos géneros hay algo que nos ayuda a ser una imagen más precisa de Dios.

Planteémonos el siguiente experimento teórico. Imaginemos un pueblo o una ciudad que estuviera poblada exclusivamente por hombres, por ejemplo. Muchos de nosotros sospecharíamos que una comunidad así se volvería disfuncional de distintas maneras. Percibimos que cada uno de los dos géneros tiene la capacidad de moderar algo propio del otro, así como de añadirle algo. Nos *necesitamos* unos a otros. La interrelación de los dos es mutuamente enriquecedora.

Esto es cierto en cualquier grado de interacción, pero alcanza su forma más elevada en el matrimonio. Los dos miembros se vuelven *una sola carne*.

El escritor Tim Keller lo expresa con estas palabras:

> *El hombre y la mujer tienen glorias únicas y no intercambiables; cada uno ve y hace cosas que el del otro sexo no puede. El sexo fue creado por Dios para que fuese una manera de combinar estos puntos fuertes y estas glorias dentro del pacto matrimonial que dura toda la vida. El matrimonio es el lugar más intenso (aunque no el único) en que tiene lugar esta reunión de varón y hembra dentro de la vida humana. El hombre y la mujer se modifican, aprenden uno de otro y colaboran entre sí.[17]*

El lenguaje de Génesis refuerza esto y nos lleva a nuestra siguiente observación.

EL SEXO Y LA UNIDAD EN LA DIFERENCIA

Se nos dice que el hombre y la mujer se vuelven "una sola carne". El término hebreo para "uno" es *'echad*, y no se refiere al valor numérico sino a la *unidad*; habla de algo que es de una sola pieza. La unicidad es un sentido de integración y de completitud.

La misma palabra hebrea se usa en Deuteronomio 6:4 para plasmar una de las declaraciones más fundamentales sobre Dios en el Antiguo Testamento: "Oye, Israel: Jehová nuestro

---

17. Tim Keller, "The Bible and Same Sex Relationships: A Review Article", *Redeemer Report*, junio de 2015, www.bit.ly/occasleep7 (consultada el 21 de Agosto de 2019).

Dios, Jehová uno es". Esta frase no se limita a decir que solo existe un Dios, aunque ello, de por sí, es una afirmación importante que hace la Biblia; lo que dice es que el único Dios que existe constituye una unidad profunda e integrada.

En el relato de Génesis 1, de cómo creó Dios a la humanidad, Dios habla de sí mismo diciendo "nosotros": "hagamos... a *nuestra* imagen" (Gn. 1:26). Esto indica que en Dios existe una pluralidad, pero aun así es uno.

El Nuevo Testamento sigue describiendo a Dios como Padre, Hijo y Espíritu Santo (tres personas diferentes pero unidas), de modo que en realidad esta unidad es una *trinidad* (y de aquí procede el concepto cristiano de que Dios lo es). Las tres personas son distintas. No son intercambiables, pero son una sola.

En la unión de Adán y Eva vemos reflejado un aspecto de esta unidad. Ellos son uno de una manera que refleja o reproduce cómo Dios es uno. No es la unidad en la igualdad o en la uniformidad, sino en la diferencia.

Esto explica hasta cierto punto por qué la Biblia presenta el matrimonio como una relación exclusiva entre un hombre y una mujer. Keller sigue diciendo:

> *En una de las grandes ironías de los últimos tiempos modernos, cuando celebramos la diversidad en tantísimos sectores culturales, hemos truncado la unidad-en-la-diversidad fundamental: el matrimonio entre géneros.*

Dentro de nuestra cultura actual tendemos a pensar que el matrimonio es, principalmente, una oportunidad para celebrar unos sentimientos románticos profundamente satisfactorios que una persona adulta siente por otra. Si este es el foco primario, entonces en realidad no supone ninguna diferencia que las personas involucradas sean hombres o mujeres. Tampoco importa que haya solo dos personas en la relación.

Cada vez vemos más peticiones de que los "tríos" se puedan casar legalmente, e incluso que una persona pueda casarse consigo misma, en lo que ha dado en llamarse "sologamia".[18] Si el matrimonio consiste esencialmente en la satisfacción romántica mutua, todo esto tiene sentido, y parece tremendamente injusto negar la posibilidad de casarse a quienes mantienen determinados tipos de relación.

El escritor Andrew Sullivan, que es gay, lo expresa de esta guisa:

> *De ser un medio para criar a los hijos se ha convertido, primordialmente, en una manera en que dos adultos afirman su compromiso emocional el uno con el otro.*[19]

Pero el relato de Génesis 2 sugiere que tras el significado del matrimonio hay algo más que la satisfacción romántica. La unión en una sola carne no es el *crescendo* de la plenitud romántica; es la forma más elevada de unidad entre un hombre y una mujer.

La complementariedad biológica de varón y hembra es tal que la unión física y sexual de un hombre y una mujer es distinta a cualquier otra. La propia unión es única, de modo que deberíamos esperar que tuviera un significado y un propósito único para nosotros, y este es un tema que nos lleva a hablar del propósito del matrimonio.

---

18. BBC News. www.bit.ly/occasleep8 (consultada el 21 de agosto de 2019).
19. Andrew Sullivan, *Same-Sex Marriage: Pro and Con: A Reader* (Nueva York: Vintage, 1997, 2004), p. xxiii.

4

¿De verdad el sexo solo es para casados?

Hay veces en que un regalo no es tan generoso como parece. Parece que sea caro y de gran calidad, pero resulta ser una imitación. O a lo mejor tiene una tara. O fue un objeto que nadie quería ya y volvieron a regalar. Da igual el motivo: un regalo que parecía el colmo de la generosidad resulta ser un poco más barato de lo que pensábamos.

Algo así sucede cuando intentamos sacar el sexo del contexto para el que fue diseñado. Debido a lo placentero que puede ser el sexo, tendemos a pensar en él de la misma manera que pensamos en otras cosas que también lo son: *¿cómo podemos sacarle el máximo jugo posible?* Cuando leemos un menú pensamos "¿qué estará más bueno? ¿Qué me apetece hoy?". Y con el sexo podemos pensar instintivamente: "¿qué es lo que más me satisfará?".

Es natural pensar así. Pero si esto es todo lo que domina nuestro pensamiento, nos arriesgamos a perder algo que se encuentra en la esencia misma del propósito del sexo: la *entrega*.

Ya hemos visto que la Biblia no es contraria al sexo, y ahora empezamos a entender por qué. Un escritor resume de esta manera el punto de vista bíblico sobre el propósito del sexo:

> *El sexo es la manera que Dios ha elegido para que dos personas se digan recíprocamente: "Te pertenezco completa, permanente y exclusivamente".*[20]

Si esto es así, tiene consecuencias hermosas y radicales para nuestra actitud frente al sexo. Reducir el sexo a un medio de obtener placer supone, en realidad, negar a alguien lo que pretendía ser una forma completa, permanente y exclusiva de entrega personal. Podríamos pensar que estamos dando a alguien el regalo de una relación sexual, pero si no le entregamos todo nuestro ser plenamente, nuestro regalo resulta ser mucho más barato de lo que parecía.

Esta es una afirmación muy extrema, de modo que debemos dar un paso atrás y ver *cómo* y *por qué* llega la Biblia a esta conclusión.

Cuando pensamos en la enseñanza de Jesús, la imagen se aclara más:

> *Entonces vinieron a él los fariseos, tentándole y diciéndole: ¿Es lícito al hombre repudiar a su mujer por cualquier causa? Él, respondiendo, les dijo: ¿No habéis leído que el que los hizo al principio, varón y hembra los hizo, y dijo: Por esto el hombre dejará padre y madre, y se unirá a su mujer, y los dos serán una sola carne? Así que no son ya más dos, sino una sola carne; por tanto, lo que Dios juntó, no lo separe el hombre.*
>
> MATEO 19:3-6

Fíjate en la conexión que hace Jesús entre Génesis 1:27 (que cita en el primer párrafo) y Génesis 2:24 (que cita en

---

20. Tim Keller, *The Meaning of Marriage* (Dutton, 2011), p. 224.

el segundo). A Jesús le preguntan sobre el divorcio, pero responde señalando la unión en una sola carne del matrimonio. Pero si en todo tipo de unión sexual se produjera la unión en una sola carne, independientemente del sexo de los participantes, no habría necesitado decir nada más que eso. Pero lo hizo. Se remonta no solo a Génesis 2 sino a Génesis 1, y reitera que Dios ha creado al ser humano como varón y hembra.

Esto explica la unión en una sola carne de un hombre y una mujer. Dios nos ha diferenciado sexualmente como varón y hembra, y esta diferenciación es fundamental para quienes somos como portadores de su imagen. Entre nosotros existen otras diferencias significativas, y la interacción entre esas diferencias también es enriquecedora. Pero en la Biblia ninguna de esas otras diferencias es tan definitoria como la que existe entre varón y hembra. Génesis 1 no dice que "Dios los creó introvertido y extrovertido", o "de hemisferio izquierdo y hemisferio derecho", ni siquiera "blanco y negro". Lo que es definitorio es la diferencia sexual, y por consiguiente la unión entre un hombre y una mujer es lo que tiene un potencial enriquecedor exclusivo para nosotros, y es lo único que puede permitir a dos individuos ser una sola carne.

Sobre este tema hay mucho que decir. Plantea preguntas importantes y comprensibles sobre la sexualidad y la identidad de género que escapan al alcance de este libro.[21] Lo que es esencial que comprendamos es cómo la interacción entre varón y hembra es fundamental para la comprensión cristiana de la ética sexual.

---

21. Para saber más sobre estas preguntas relevantes, véase el libro de Sam Allberry *Is God Anti-Gay?* (The Good Book Company, 2013), y el de Andrew Walker, *God and the Transgender Debate* (The Good Book Company, 2017).

EL SEXO COMO VÍA DE ENTREGA

El apóstol Pablo escribe estas instrucciones a la iglesia de Corinto:

> *El marido cumpla con la mujer el deber conyugal, y asimismo la mujer con el marido. La mujer no tiene potestad sobre su propio cuerpo, sino el marido; ni tampoco tiene el marido potestad sobre su propio cuerpo, sino la mujer.*
>
> 1 Corintios 7:3-4

En el capítulo siguiente hablaremos de lo revolucionaria que debió sonar esta declaración en el mundo antiguo, pero por el momento fíjate en cómo Pablo aconseja *tanto* al marido *como* a la mujer que se entreguen uno al otro en su vida sexual. Este sentido de pertenencia mutua destaca también en el libro del Antiguo Testamento llamado Cantar de los Cantares, que celebra el amor entre un hombre y una mujer jóvenes. "Yo soy de mi amado, y mi amado es mío", dice la joven esposa (Cnt. 6:3). El sexo está diseñado para ser una forma de entrega completa al otro, y de aquí la enseñanza de Pablo a los maridos y a las esposas: el cuerpo de cada uno pertenece al otro. El sexo fue diseñado para ser esto.

Incluso dentro de esta mutualidad, Pablo se centra en la otra persona. Pablo dice que hay que servir sexualmente al otro. No escribe que cada cónyuge debe *quitarle* los derechos matrimoniales al otro, sino que cada uno debe *dar* al otro lo que le corresponde por *derecho*. Lo más importante es servir y complacer al otro. En otro pasaje, hablando a un grupo de pastores, Pablo recordaba…

> *las palabras del Señor Jesús, que dijo: Más bienaventurado es dar que recibir.*
>
> Hechos 20:35

Está claro que esto se aplica al lecho matrimonial tanto como al ministerio en la Iglesia. El marido y la esposa deben centrarse en la satisfacción sexual de su cónyuge, no en la propia. El sexo no es un artículo con el que hacer transacciones, sino una vía de devoción al otro.

Es decir, que el paradigma cristiano de cómo deberíamos enfocar el sexo se podría resumir de la siguiente manera. Cada cónyuge en un matrimonio debería interesarse más por *ofrecer placer*, no por recibirlo. En resumen, el máximo placer sexual que puede experimentarse debería ser el placer de ver cómo recibe placer tu cónyuge.

Habiendo transmitido esta idea en términos positivos, Pablo pasa a exponerla en otros negativos:

> *No os neguéis el uno al otro, a no ser por algún tiempo de mutuo consentimiento, para ocuparos sosegadamente en la oración; y volved a juntaros en uno, para que no os tiente Satanás a causa de vuestra incontinencia.*
>
> 1 Corintios 7:5

Cumplir con "tu deber conyugal" con tu pareja es tan importante que Pablo prohíbe a las parejas privar al otro miembro del sexo, y solo imagina que pueda hacerse por un tiempo, por mutuo consentimiento y para dedicarse a la oración. Fuera de esas condiciones, la pareja corre peligro espiritual. Cabe destacar que, según Pablo, la única persona que está en contra del sexo en este contexto es Satanás.

EL SEXO COMO VÍA DE ENTREGA DEL SER TOTAL

También está claro que esta unión en una sola carne conlleva más que sexo. Lo que es y significa esta "sola carne" indica que no se trata solamente de lo que les ha sucedido a dos cuerpos, sino a la totalidad de lo que es cada persona. No es solo que nuestros cuerpos participen del otro en el sexo; está involucrada toda nuestra personalidad. El propio Jesús alude a este sentido en un pasaje donde cita estas palabras de Génesis 2:

Él, respondiendo, les dijo: ¿No habéis leído que el que los hizo al principio, varón y hembra los hizo, y dijo: Por esto el hombre dejará padre y madre, y se unirá a su mujer, y los dos serán una sola carne? Así que no son ya más dos, sino una sola carne; por tanto, lo que Dios juntó, no lo separe el hombre.

MATEO 19:4-6

Jesús dice que esta unión *la hizo Dios*; en cierto sentido, es *Él* quien ha juntado a esas dos personas. El hecho de que diga que no pueden separarse demuestra que existe un grado de unión que permanece después de que una pareja haya tenido sexo. Es cierto que ya no están unidos físicamente, pero sí lo están en un nivel más profundo.

Esto tiene una importancia tremenda. La unión sexual es tanto la expresión como el vehículo de una forma de unión más amplia y profunda, y esa unión mayor no debe deshacerse. El sexo es un medio por el cual dos personas se unen no solo físicamente sino también emocional y psicológicamente. A menudo, nuestra cultura afirma que podemos entregarle nuestro cuerpo a otra persona sin darle también todo el resto de nuestro ser, pero los cristianos sostienen que esto no es cierto.

El apóstol Pablo nos dice por qué es así:

Huid de la fornicación. Cualquier otro pecado que el hombre cometa, está fuera del cuerpo; mas el que fornica, contra su propio cuerpo peca.

1 CORINTIOS 6:18

Fijémonos en lo que dice Pablo sobre el sexo. Lo que hacemos sexualmente afecta a todo el cuerpo de una manera que no puede afirmarse, en términos generales, de otras actividades. Pablo dice que tanto si lo sabemos como si no, tanto si tenemos esa intención como si no, el sexo no involucra solo nuestros genitales, sino que involucra mucho más de lo que somos, . Involucra a la persona completa.

Esta es una verdad positiva sobre el sexo, pero quizá se perciba más clara y trágicamente en su aspecto negativo. Cuando agreden sexualmente a alguien, lo que se ve afectado es algo más que partes de su cuerpo. Hay una cosa que está clarísima: el impacto lo padece la persona integral. El perjuicio no es solo físico, sino también emocional y psicológico. Estas heridas pueden durar toda una vida, y se manifiestan de mil maneras distintas. El sexo no solo afecta a algunas partes de nuestra biología. Cuando alguien padece una agresión sexual o cuando le traicionan en esta área, no solo es su cuerpo el que se ve afectado: la *persona integral* padece la violación.

Esta es la otra cara de la moneda de algo positivo. El sexo está destinado a ser mucho más que una liberación física; debe *significar* algo. El hecho de que implique a la persona entera indica que el propósito es que se interrelacionen dos personalidades completas. La "cultura del polvo" es una negación de esta verdad, porque insiste en que la dimensión sexual se puede expresar y satisfacer independientemente de las otras facetas de quiénes somos. Lo que dice en la práctica es que la otra persona solo merece que le entregues una parte de quien eres.

TU CUERPO HACE UNA PROMESA

En la película de 2001 titulada *Vanilla Sky*, el personaje que interpreta Tom Cruise mantiene una relación sexual de una sola noche con una mujer a la que interpreta Cameron Diaz. Más avanzada la película, ella se lo recrimina. En determinado momento le dice: "¿No sabes que cuando te acuestas con alguien, tu cuerpo hace una promesa aunque tú no la hagas?". En otras palabras, lo que sucede con el cuerpo debe ser una prueba de lo que debería suceder en un nivel más profundo. Podríamos decir que participar de la faceta física de la intimidad sexual sin pensar en esta unión más profunda es un tipo de engaño.

Además de ser el autor de las *Crónicas de Narnia*, C. S. Lewis fue un destacado pensador y escritor cristiano. En el que quizá sea su libro más celebrado, *Mero cristianismo*, Lewis dice que el sexo fuera del contexto de esta unión más profunda es un intento de "aislar cierto tipo de unión (la sexual) del resto de tipos de unión que iban destinadas a acompañarla para conformar la unión total". Tim Keller añade:

> *Todo acto sexual debería ser un acto unificador. Pablo insiste en que es radicalmente disonante entregar tu cuerpo a alguien a quien no entregarás toda tu vida.*

Y sigue diciendo:

> *Si el sexo es un método que inventó Dios para conseguir "entregarte confiadamente durante toda la vida", no debería sorprendernos que el sexo nos haga sentirnos profundamente vinculados con la otra persona, aun cuando se usa mal. A menos que lo coartes deliberadamente, o que por medio de la práctica adormezcas el impulso originario, el sexo te hace sentirte personalmente entrelazado con otro ser humano y unido a él, del mismo modo que lo estás físicamente.*

Si esto es verdad, es decir, si el sexo consiste fundamentalmente en dar, y en dar nuestro ser entero a otra persona, entonces tener sexo con alguien sin intención de darle estas cosas es en realidad una especie de hurto: es un robo.

UNA ESCENA, DOS ESCENARIOS

A lo mejor nos ayuda un par de analogías (imperfectas).

Imagina que estás en una entidad bancaria y ves a alguien delante de una de las ventanillas, a quien el cajero le está entregando un grueso fajo de billetes. Aquí podrían estar pasando dos cosas. Podría ser que esa persona fuera un cliente del banco y estuviera sacando dinero legalmente (aunque sea una gran cantidad), y el cajero simplemente se lo esté entregando. O podría ser que la persona estuviera apuntando al otro con una pistola, es decir, atracando el banco, exigiendo al cajero que le entregase el dinero. En ambos casos el acto físico es el mismo (la entrega del dinero), pero dentro del contexto de dos narrativas muy diferentes, y son estas narrativas las que determinan la calidad moral del acto.

También podemos pensar en ese momento en que alguien da a otra persona un regalo por motivos plenamente egoístas. Recientemente un amigo mío admitió que le había regalado a su esposa determinado aparato de cocina porque deseaba que ella le preparase el tipo de comida para el que estaba diseñado aquel artilugio. Primero parece un acto de generosidad (le hace un regalo a alguien), pero en última instancia redunda en beneficio del dador.

Estas dos analogías reflejan un poco la diferencia entre el sexo fuera del matrimonio y el sexo dentro de él. Puede que el acto parezca el mismo en ambos casos, pero en realidad la narrativa de la que forma parte revela si es moralmente justo o no lo es. El primero se podría justificar como hacer un regalo a alguien ("te doy mi amor"), pero si esa persona no se entrega del todo a la otra, en realidad le está dando algo que es para sí misma, no para quien recibe el regalo.

La Biblia enseña en numerosas ocasiones que la intimidad sexual solo es adecuada dentro del pacto matrimonial. El matrimonio está destinado a ser el medio por el cual prometemos entregarnos a otra persona plena y exclusivamente, aceptando un compromiso de por vida con el otro, un compromiso del que el sexo debe ser tanto la expresión como el medio porque fue diseñado para serlo.

Esto lo vemos reflejados en muchos pasajes bíblicos. El propio Jesús enseña que la inmoralidad sexual es una de las evidencias de que nuestros corazones no están como deberían estar:

> *Porque del corazón salen los malos pensamientos, los homicidios, los adulterios, las fornicaciones, los hurtos, los falsos testimonios, las blasfemias. Estas cosas son las que contaminan al hombre.*
>
> MATEO 15:19-20

La expresión que traducimos como "fornicación" o "inmoralidad sexual" es el término griego *porneia*, un término que engloba toda conducta sexual fuera del pacto matrimonial. Incluye el sexo prematrimonial, el adulterio (que Jesús menciona por separado en esta lista), la prostitución e incluso las relaciones sexuales de dos personas del mismo género.

A veces es fácil pensar que el sexo prematrimonial y el sexo dentro del matrimonio son esencialmente lo mismo, y que la única diferencia es el momento en que suceden; que el sexo antes de los votos matrimoniales y el sexo posterior a ellos no son diferentes. Pero no es así. El sexo fuera de esos votos es un acto distinto al sexo que los expresa y los refuerza. Uno establece un contexto de entrega de uno mismo durante toda la vida; el otro es una forma de hurto.

Según la Biblia, el sexo es precioso, mucho más de lo que tendemos a pensar; no porque sea un medio por el cual podemos experimentar la gratificación. Eso puede pasar, por supuesto (lee si no Cantar de los Cantares), pero no es el único objetivo. El propósito no es lo que podemos *conseguir*, sino lo que podemos *dar*. Concluyamos donde empezamos, con palabras de Tim Keller:

> *El sexo es la manera que ha determinado Dios para que dos personas se digan recíprocamente "te pertenezco*

*completa, permanente y exclusivamente". No debemos
usar el sexo para decir ninguna otra cosa.*

A Dios le importa con quién nos acostamos debido al propósito que determinó para el sexo. Se trata de una fuerza extremadamente poderosa. Debe ser lo que es. No hace falta decir que plantea todo tipo de preguntas importantes: ¿cómo puede ser esto cierto si es tan contracultural? ¿Cómo puede ser bueno para nosotros? En el siguiente capítulo intentaremos responder a estas preguntas.

5
¿Por qué era un tema problemático en el pasado?

Hay una aplicación que hace eso.

Hace poco descargué una aplicación que pide comida a domicilio de una serie de restaurantes locales. Yo estaba lejos de casa, en una ciudad nueva, y después de pasarme todo el día dando clases me sentía cansado, hambriento y un poco agotado emocionalmente. No disponía de medios para cocinar, el hotel no tenía restaurante, y no me sentía con fuerzas suficientes para desplazarme a algún local y tener que interactuar con gente. Así que me descargué la aplicación.

Encontré una lista de restaurantes locales que podían facilitarme comida y, unos pocos clics más tarde, ya venía de camino un plato de pasta con albóndigas. No es una forma barata de pedir comida (el precio es elevado), pero sin duda fue la más fácil.

Los paralelos con la forma en que solemos pensar en el sexo son chocantes. Una vez más, es posible que nos sintamos cansados, exhaustos y, aun así, sintamos un fuerte deseo de satisfacción sexual. Podríamos estar en un lugar donde no conocemos a la gente, donde quizá nuestro medio habitual para satisfacer ese apetito no está a mano, así que recurrimos a una aplicación. En ella encontramos opciones locales disponibles. Lo único que hace falta es un par de movimientos del pulgar, y en cuestión de minutos podemos conectar con alguien. Como el otro caso, es tremendamente sencillo.

Es frecuente pensar en el sexo como un simple artículo comercial, una simple transacción, una manera de satisfacer un apetito físico no más complicada que cuando comemos algo para satisfacer nuestra hambre.

Los cristianos de Corinto estaban familiarizados con la analogía entre la comida y el sexo. Uno de sus eslóganes era "La comida es para el vientre y el vientre para la comida" (su equivalente de un *hashtag*; ver 1 Co. 6:13). Se usaba como justificación para la permisividad sexual. Pensaban que de la misma manera que uno come cuando tiene hambre, uno tiene sexo cuando está excitado. Es algo biológico. ¿Qué problema hay? Con el tema de la comida no tenemos tantos reparos; ¿por qué íbamos a tenerlos con el del sexo?

Hemos empezado a ver cómo responde la Biblia a estas preguntas. El sexo no es solo biológico. No es una mera actividad corporal. Involucra la totalidad de quienes somos.

Y como vimos al final del capítulo anterior, esto suscita preguntas importantes: ¿cómo puede ser correcta esta ética cristiana si es tan contracultural? Podría ser más intuitiva, ¿no? Pero en cambio parece ir en contra de la manera en que tantas personas piensan actualmente en este tema. ¿Y cómo va a ser buena esta ética? Parece muy restrictiva. No hay duda de que es muy perjudicial privar a alguien del tipo de sexo que quiere, igual que es nocivo legislar qué tipo de alimentos debería comer la gente.

Al empezar a reflexionar sobre esto, podría ser útil estudiar hasta qué punto el pensamiento cristiano fue contracultural en la cultura en la que se expuso por primera vez. Los corintios no eran atípicos en su forma de pensar en la sexualidad. Las normas sexuales en el mundo romano eran básicamente las mismas que en Corinto. Eran muy distintas a las nuestras. Y discrepaban incluso más de las que defendía la fe cristiana.

LA SEXUALIDAD CONTRACULTURAL EN EL MUNDO ROMANO

Un especialista en el Nuevo Testamento, F. F. Bruce, lo resume de este modo:

> *Desde buen principio, el cristianismo ha santificado la unión sexual dentro del matrimonio (como hacía el judaísmo); estaba prohibido fuera del matrimonio. Este concepto era ajeno a la sociedad pagana en la que primero se introdujo el evangelio; existían diversos tipos de unión sexual extramatrimonial que se toleraban, e incluso algunas se fomentaban. Un hombre podía tener una amante que le ofreciese también compañía intelectual; la institución de la esclavitud le facilitaba disponer de una concubina, mientras que la gratificación esporádica se la proporcionaba una prostituta. La función de su esposa era administrar el hogar y ser la madre de sus hijos y herederos legítimos. No había ningún núcleo de opinión pública que lo reprobase, aunque podía ser que quien se lo permitiera en exceso fuera objeto de sátiras, al mismo nivel que el glotón o el borracho.[22]*

Los pronombres usados son deliberados y reveladores. Esta era la situación para un *hombre* en el mundo romano. *Él* podía tener acceso a una amante, una concubina y/o una

---

22. F. F. Bruce, *1 and 2 Thessalonians*, Word Biblical Commentary (Word, 1982), p. 82.

prostituta. La situación no era la misma para las mujeres; ellas tenían bastante menos libertad sexual.

El historiador Kyle Harper ha ampliado este tema; su libro *From Shame to Sin*[23] demuestra cuán estrechamente relacionadas estaban en el mundo romano antiguo la ética sexual (y las costumbres) con la posición social. El adulterio estaba prohibido como un acto vergonzoso; no tanto porque era una ofensa contra una mujer casada sino porque se consideraba una violación del hombre de la que ella era considerada una propiedad; era un robo.[24] A cambio se permitía el sexo con esclavos, y si uno no podía permitirse tenerlos, la prostituta era "una válvula de escape para la lascivia masculina".[25] La esclavitud y los burdeles se entendían como una parte vital en el proceso de salvaguardar el decoro sexual en el sentido más general, dado que mantenían a raya el adulterio.

En todo esto, las mujeres estaban en franca desventaja. Quienes se casaban fielmente recibían la protección de la sociedad romana, pero a las prostitutas se las despreciaba. Sus cuerpos no recibían la misma protección, y se consideraba que estaban siempre disponibles para que los hombres pudieran obtener gratificación sexual. En lo tocante al sexo, las mujeres eran un objeto. Si la sociedad las consideraba honorables, eran un objeto caro, pero objeto a fin de cuentas; si provocaban vergüenza, eran un artículo barato y accesible para todos los que lo buscaban. Su sexualidad no se fundamentaba en su calidad como persona, como mujer, sino en el lugar que ocupaban en la sociedad. Los esclavos y las mujeres pobres eran explotadas sin reparos y con frecuencia.[26]

Los esclavos varones podían ser explotados sexualmente igual que las mujeres, y frecuentemente era así debido a su

---

23. Kyle Harper, *From Shame to Sin* (Harvard University Press, 2013).
24. *From Shame to Sin*, p. 56.
25. *From Shame to Sin*, pp. 46-47.
26. *From Shame to Sin*, p.18.

baja condición social. Tampoco la edad era un factor para determinar si el sexo era lícito o no. Los niños y las niñas que eran esclavos o prostitutas estaban sometidos a explotación sexual.

Frente a este telón de fondo, la ética sexual que introdujo la fe cristiana carecía de todo precedente. Harper ha llegado al punto de llamar a este proceso "la primera revolución sexual".[27] La enseñanza del Nuevo Testamento fue profundamente contracultural en algunos sentidos cruciales.

1. Limitaciones para los hombres

En primer lugar, la Escritura insiste en poner límites y controles sexuales para los hombres, no solo para las mujeres. Si lo que escandaliza a nuestros oídos contemporáneos es escuchar que *todo el mundo* debería estar sexualmente limitado de alguna manera, el escándalo para la gente del siglo I sería que eso se esperase de los *varones*, incluso de los hombres libres de alta posición social. Todo el sistema de la ética sexual estaba construido en torno al concepto de que los varones tenían libertad para satisfacer sus impulsos sexuales de cualquiera de las maneras aceptadas.

En contraste a esto, Pablo instruye a los hombres diciendo "que os apartéis de fornicación; que cada uno de vosotros sepa tener su propia esposa en santidad y honor" (1 Ts-4:3-4). Este mensaje va dirigido a los cristianos en general, pero se espera tanto de los varones como de las mujeres. Ellos están tan obligados como ellas a controlar sus cuerpos y a resistirse a todo tipo de pecado sexual.

En el Nuevo Testamento, la "fornicación" incluye mucho más que la mera transgresión de los códigos romanos para la conducta sexual. Como pasa con la enseñanza coherente del

---

27. Kyle Harper, "The First Sexual Revolution: How Christianity Transformed the Ancient World", *First Things*, enero de 2018.

Antiguo Testamento, el Nuevo Testamento enseña que todo tipo de sexo fuera del pacto matrimonial está prohibido. Por consiguiente, a los varones cristianos no se les permitía acostarse con prostitutas o con esclavos de ambos sexos, de la misma manera que no se les permitía irse a la cama con la esposa de otro hombre libre. La ética sexual cristiana no estaba determinada por la posición y el valor social de un individuo dentro de la sociedad romana, sino por la dignidad única y complementaria de hombres y mujeres como portadores de la imagen divina.

Los varones cristianos, en contrapartida a sus semejantes seculares, debían ser exclusivamente fieles a sus esposas. Para muchos varones romanos típicos, esto habría sido impensable e incluso humillante. Si eran personas de alta posición social, eso suponía que disfrutasen de determinadas libertades sexuales. Pero según la fe cristiana, tu clase social no alteraba tu obligación de cumplir la ética sexual que acompaña al evangelio de Jesús.

2. Mutualidad

En segundo lugar, la fe cristiana trajo consigo una mutualidad radical aplicada a su concepto del sexo dentro del matrimonio. Como hemos visto, en el mundo romano existía un tremendo desequilibrio entre las libertas sexuales y los derechos de los hombres y de las mujeres. Los hombres tenían poder. Las mujeres, si tenían suerte, gozaban de la protección de la posición social, pero aparte de eso estaban frecuentemente a merced de hombres más ricos y poderosos que ellas. Incluso dentro del matrimonio el rol de la esposa consistía, principalmente, en dar herederos legítimos. Para obtener una satisfacción sexual más profunda, los maridos podían acudir a otros lugares.

Si pensamos en estas palabras del apóstol Pablo podremos empezar a ver lo revolucionaria que debió sonar su enseñanza:

> *Cada uno tenga su propia mujer, y cada una tenga su propio marido. El marido cumpla con la mujer el deber conyugal, y asimismo la mujer con el marido. La mujer no tiene potestad sobre su propio cuerpo, sino el marido; ni tampoco tiene el marido potestad sobre su propio cuerpo, sino la mujer.*
>
> 1 Corintios 7:2-4

Al final del capítulo anterior ya hablamos brevemente de estas palabras. Es imposible exagerar lo radicales que debieron ser en el momento en que fueron escritas.

La primera parte de lo que dice Pablo aquí habría sonado muy familiar: toda mujer debía tener sexo con su esposo, cumplir con su deber matrimonial y no tener autoridad sobre su propio cuerpo, sino entregarlo a su marido. Esta era la forma habitual de pensar.

Pero el paso sin precedentes que da Pablo consiste en decir que esta actitud es *mutua*. El esposo pertenece físicamente a su mujer *tanto como* ella le pertenece corporalmente. Él debe cumplir su obligación matrimonial con ella *tanto como* ella debe hacerlo con él. En otras palabras, no es solo que la esposa tenga responsabilidades para con su marido; él tiene las mismas responsabilidades con ella. Ambas partes son iguales; la una debe servir a la otra. Esto era inaudito.

Pero aunque esta habría sido una idea nueva para el mundo romano, para la Biblia no lo era. El poema amoroso del Antiguo Testamento, el Cantar de los Cantares, incluye esta mutualidad mediante la frase reiterada "mi amado es mío, y yo suya" (Cnt. 2:16); "yo soy de mi amado, y mi amado es mío" (6:3). La visión bíblica para la intimidad sexual ha incluido siempre esta idea de reciprocidad. El objetivo no es solo la gratificación del miembro más poderoso de la pareja.

3. Consentimiento

Esta mutualidad es el fundamento de un tercer factor distintivo y significativo en la visión cristiana del sexo: *el consentimiento*, que es quizá el elemento ético y sexual más importante sobre el que sigue insistiendo la sociedad occidental. Pablo solo concebía que las parejas se abstuvieran del sexo por consentimiento mutuo, y lo mismo es cierto del contacto sexual. Pablo entendía que ambas partes del matrimonio tienen lo que Harper llama "completa agencia sexual". La teóloga Beth Felker subraya la importancia que tiene esto:

> *Ya hemos visto que el sexo como artículo de consumo era un pilar del imperio romano. La ética sexual cristiana se desarrolló como una represión de ese mundo. Los cristianos afirmaban que Cristo nos dio el tipo de libertad que nos permite elegir la santidad sexual. El sexo verdaderamente consensuado era una rareza en el mundo en el que nació el cristianismo. Podríamos decir que el cristianismo inventó el sexo consensuado.[28]*

Y no solo hablamos del consentimiento para tener sexo, sino también de si uno debía casarse o no. La palabra "incluso" nos parece superflua, porque en la sociedad occidental la elección de casarse se da por hecha. Pero esto se debe a que nuestra cultura se ha visto tremendamente influida por la fe cristiana. Pablo escribe a los Corintios diciendo que una mujer puede *elegir* casarse o quedarse soltera (1 Co. 7:6-9). Pablo recomienda el celibato como algo que tiene cierta

---

28. Beth Felker Jones, *Faithful* (Zondervan, 2015), p. 80.

ventaja en algunos sentidos (v. 35), pero admite que los creyentes tienen libertad para casarse o no hacerlo. Ambas cosas son dones de Dios (v. 7). Jones dice en otro lugar:

> *Las mujeres romanas no tenían libertad para no casarse. Las mujeres cristianas podían elegir (e incluso insistir) en el celibato. Para los cristianos, las mujeres no son propiedades ni fábricas de bebés... Los hombres no son máquinas de lujuria ni magnates del poder.*[29]

Jones resume de la siguiente manera las principales diferencias entre los conceptos romano y cristiano del sexo:

> *En Roma, algunas personas (por ejemplo, las esposas en potencia) gozaban de protección y de honor, y otras no. En el reino [es decir, en el reino de Dios], es necesario honrar el cuerpo de todo el mundo. En Roma, los cuerpos eran para el poder, el placer, el estado o el mercado. En el reino, somos llamados a ser castos, y nuestros cuerpos no son para [el pecado sexual] sino para el Señor. En Roma, si tu conducta sexual era vergonzosa, no había vuelta atrás. En el reino de Dios hay perdón, sanación, gracia y libertad.*[30]

La ética sexual cristiana ha sido contracultural en todas las culturas. Es importante que entendamos esto. Resulta fácil pensar que la ética sexual cristiana está obsoleta, pero eso supone que hubo una época histórica anterior en el que la enseñanza de la Biblia encajó perfectamente con nuestra sensibilidad. Pero nunca ha sido así.

Sí que ha habido momentos en los que culturas concretas se han visto significativamente influidas por el cristianismo en este ámbito, pero la enseñanza de la Biblia siempre acaba

---

29. *Faithful*, p. 97.
30. *Faithful*, p. 72.

criticando facetas importantes del concepto que tiene cualquier cultura del sexo y del matrimonio, aunque al mismo tiempo sustente otras. Podríamos contemplar horrorizados la enseñanza de la Biblia, exclamando "¡pero si estamos en el siglo XXI!". Pero la situación no es muy distinta a cuando alguien, en el Imperio Romano, leyó la carta de Pablo a los Tesalonicenses por primera vez y exclamó: "¡pero si estamos en el siglo I!". Aunque los motivos han variado entre una época y otra y de una a otra cultura, la enseñanza cristiana sobre este tema nunca ha estado de moda.

6
¿Por qué es un tema tan problemático hoy?

Podemos entender de qué maneras el concepto cristiano del sexo fue revolucionario en el mundo romano en el que se introdujo por primera vez. Pero hoy día pasa lo mismo. No somos Roma, y muchas de sus prácticas nos escandalizan e incluso nos repelen. Sin embargo, en nuestra época la ética sexual cristiana nos desafía en gran medida. De la misma manera que podemos empezar a vislumbrar cómo la enseñanza bíblica era buena para el Imperio Romano, podemos empezar a plantearnos cómo lo es también para nosotros en nuestra propia cultura.

Tendemos a no darle mucha importancia a la lascivia. Normalmente, la idea de desear sexualmente a otra persona no suele preocuparnos (a menos que esa persona sea un niño o niña). Lo que pensemos en la privacidad de nuestra mente es asunto nuestro. No afecta a nadie más, y en realidad tampoco a nosotros. A menudo damos por hecho que forma parte saludable de la sexualidad humana.

Ya hemos visto cómo Jesús se opone a esta forma de pensar.

> *Oísteis que fue dicho: No cometerás adulterio. Pero yo os digo que cualquiera que mira a una mujer para codiciarla, ya adulteró con ella en su corazón.*
>
> MATEO 5:27-28

Jesús dice que el mero hecho de mirar y pensar con lujuria está mal. No es bueno para nosotros ni tampoco lo es para la otra persona. Podemos pensar que es totalmente inofensivo, pero Jesús nos dice que no es así.

Pero entonces, ¿por qué es tan grave?

Según Jesús, aquí entra en juego más de lo que podríamos imaginar. Cuando sentimos lascivia sucede algo muy importante. Lo que hacemos en realidad es modelar nuestra manera de pensar sobre el mundo que nos rodea. Uno de los últimos de los diez mandamientos nos dice por qué:

> *No codiciarás la casa de tu prójimo, no codiciarás la mujer de tu prójimo, ni su siervo, ni su criada, ni su buey, ni su asno, ni cosa alguna de tu prójimo.*
>
> ÉXODO 20:17

Este es el último de los diez mandamientos, y prohíbe la codicia, que es desear lo que pertenece a otra persona. Lo primero que sorprende a muchos lectores contemporáneos es la manera tan extraña (para nosotros) en que se explica este mandamiento. Es probable que hoy día no te plantees codiciar un buey o un asno, pero para la gente de aquel entonces esos animales eran importantes para viajar y trabajar. Sería como si nosotros codiciásemos el coche aparcado al lado de nuestra casa, o el aparato o electrodoméstico de tecnología puntera que tiene un vecino. El pasaje también menciona al personal doméstico, y volvemos a ver su equivalente actual: quizá envidiar que alguien se pueda permitir una persona que le limpie la casa o un entrenador personal.

Pero también nos habla de codiciar la *esposa* de otro; no es una posesión o un objeto, ni siquiera un empleado, sino el cónyuge de otra persona. En otras palabras, de lo que habla aquí es de *codicia*, que se aplica tanto a las personas como a las cosas. Y la misma codicia que nos induce a desear ponerle las manos encima al Lexus nuevecito o al iPhone recién estrenado de un amigo nos lleva a desear ponérselas también a su pareja. Codiciar el cónyuge de alguien supone el deseo de *poseer* a esa persona. Conlleva tratarla no como persona por propio derecho sino como algo que se puede *tener*.

Ahí es adonde apunta Jesús. Mirar a alguien con codicia es considerarle un simple medio de gratificación para ti, un medio para satisfacer un deseo que tienes. Supone convertir a esa persona en un artículo de consumo, en vez de verlo como un ser humano que merece respeto. Hace que su sexualidad sea algo para satisfacernos a nosotros.

LA VISTE BAÑARSE EN EL TERRADO...

Ya hemos mencionado algunas cosas sobre el rey David cuando se acostó con Betsabé y algunas de sus desastrosas consecuencias. Esta es una ilustración aleccionadora de a dónde puede conducirnos el pecado sexual. Pero también es un comentario importante sobre lo que dice Jesús acerca de la lujuria. Veamos cómo se produjeron en realidad esos sucesos tan terribles.

Según el relato, David está en la azotea del palacio real cuando ve a una mujer hermosa que se estaba bañando. Una vez se entera de quién es ella, hace que se la traigan y se acuesta con ella. A menudo esto se define como un acto sórdido, que ya de por sí sería malo dado que Betsabé estaba casada con un miembro del ejército de David que en aquel momento estaba combatiendo en una de sus guerras. Pero la cosa va mucho más allá.

David es el rey, y ella una súbdita. Aquí existe una enorme diferencia de poder, y el texto no sugiere en absoluto que ella diera su consentimiento. Sencillamente se nos dice que "envió David mensajeros, y la tomó; y vino a él, y él durmió con ella" (2 S. 11:4). Se presentan en su casa unos oficiales del rey y la llevan con él, que se acuesta con ella.

Las cosas empiezan a escapar al control de David. Betsabé queda embarazada. David intenta (torpemente) traer al marido de Betsabé para una visita conyugal, de modo que fuera posible decir que el niño era de Urías, pero cuando el plan no sale bien, David arregla las cosas para que el marido muera en la batalla y se lleva a Betsabé y a su hijo a palacio. Ella pierde su integridad sexual, a su esposo y la vida que tuvo un día. David se lo lleva todo.

Este tipo de episodios nos recuerdan que a pesar de todas las diferencias culturales e históricas, la Biblia habla del mismo mundo que conocemos hoy. Los personajes son tan complejos e imperfectos como nosotros. En ese mundo hallamos la misma mezcla lamentable de quebranto y de maldad que vemos hoy a nuestro alrededor.

UNA MIRADA LASCIVA

Pero fijémonos en cómo todo esto (toda la triste saga) empezó con una mirada lasciva. No hizo falta nada más.

David estaba paseando por su azotea. Vio a Betsabé que se bañaba. Da igual cómo comenzara todo, el caso es que no apartó la vista. Lo que estaba viendo era una persona, una mujer, una esposa. Lo que hicieron los ojos de David fue convertirla en un artículo que podía conseguir. Es evidente que ella era hermosa, pero esa belleza indujo a David a codiciarla. A David le pareció que tenía derecho a hacerlo. Como *a él* le pareció atractiva, no tuvo ningún problema en usar el atractivo físico de esa mujer para gratificar sus deseos. Ella ya no era una persona, sino un objeto; la deshumanizó. El cuerpo de Betsabé ya no era de ella, sino un espacio de ocio para el rey. Y dado que David era rey, tenía el poder necesario para hacer realidad sus deseos, iniciando así la lamentable cadena de acontecimientos que dejarían a Betsabé viuda, embarazada y obligada a contraer un nuevo matrimonio que no había elegido.

Pero nada de esto habría sucedido si no hubiera sido por la actitud inicial de David. Cometió adulterio con ella en su corazón antes de cometerlo físicamente en su dormitorio. Betsabé, su esposo y la vida que ella había conocido fueron sacrificados a la lascivia del rey.

Eso es lo que hace la concupiscencia: reduce la visión que tenemos de otros, y en el proceso nos deshumaniza. Nos convertimos en personas que cada vez perciben menos humanidad en otros. Por lo tanto, da lo mismo si el objeto de nuestra lascivia es consciente de ella o no. La lujuria de David por Betsabé hubiera sido destructiva para él aunque jamás la hubiera hecho realidad con ella. Antes de perjudicar a otros, nos perjudica a nosotros.

La pornografía es un ejemplo trágico de esto. Está bien documentado que existe una relación directa entre el consumo de pornografía online y el tráfico de personas. Es frecuente que en Occidente, al mirar atrás, consideremos que la abolición de la esclavitud fue un momento definitorio en nuestro progreso como civilización. Nos preguntamos por qué tardó tanto tiempo en llegar. Ahora observamos con una mirada distinta, más crítica, a personajes históricos a los que antes respetábamos, pero que tenían esclavos. Quitamos sus estatuas y solicitamos que las instituciones que llevaban su nombre lo cambien. Sin embargo, cuando el motor de la esclavitud es el deseo sexual cerramos los ojos.

Justin Holcomb escribe:

El tráfico de personas es un tipo de esclavitud moderna, y es la industria criminal que más rápidamente crece en el mundo. El tráfico sexual es una de las formas más rentables de tráfico, y conlleva muchos tipos de explotación sexual, como la prostitución, la pornografía, el intercambio de esposas y el abuso sexual y comercial de niños. Según las Naciones Unidas, el tráfico sexual produce en torno a 32.000 millones de dólares anuales en todo el mundo. En Estados Unidos, el tráfico sexual genera 9.500 millones de dólares anuales...

La manera principal en que la pornografía fomenta el tráfico sexual es mediante el aumento de la demanda. Después de todo, el tráfico sexual consiste en la oferta y en la demanda. Lo que se oferta son mujeres y niños, a los que o bien obligan a explotar su cuerpo en su hogar o bien engañan para que salgan de ese hogar usando promesas de empleo, viajes y una vida mejor. La edad media de las niñas que entran en la prostitución en la calle oscila entre 12 y 14 años; en algunos países en desarrollo es incluso inferior. Los traficantes obligan a mujeres y niños, por medio de una variedad de técnicas de captación, a que entren en la industria del sexo comercial en clubs de striptease, prostitución en las calles y servicios de compañía. Cada año hay miles de niños y mujeres que son víctimas de este proceso a través de estas vías.[31]

No es infrecuente que una persona sea activista contra el tráfico de personas mientras, al mismo tiempo, accede a la pornografía online que fomenta una parte tan importante de ese tráfico. La lascivia deshumaniza a ambas partes: la persona que vio David desde su azotea, las que aparecen en nuestras

---

31. Justin Holcomb, "Porn Is Not Harmless. It's Cruel". www.bit.ly/occasleep9 (consultada el 27 de Agosto de 2019).

pantallas, no son seres humanos hechos a imagen de Dios; son un artículo de consumo sexual. Perdemos parte de nuestra sensibilidad humana normal, nos volvemos indiferentes y desensibilizados ante cosas que, en nuestros mejores momentos, nos preocupan. La enseñanza de Jesús contra la mirada lasciva es una protección no solo para la persona observada, sino también para quien la mira. Sentir lujuria por alguien, incluso en la privacidad de nuestra propia mente y sin que esa persona lo sepa, acaba perjudicando a todos los involucrados.

Por lo tanto, el mensaje de Jesús es controvertido hoy porque *tiene que* serlo. Las incoherencias morales y los puntos ciegos del Imperio Romano son tremendamente evidentes para nosotros. Sin embargo, hoy día disponemos de sus equivalentes, y la enseñanza de la Biblia nos ayuda a distinguirlos con mayor claridad.

Al mismo tiempo, quizá vaya quedando claro que esta enseñanza revela los errores no solo de nuestra cultura sino también de nuestros corazones. Si lo que enseñan Jesús y el Nuevo Testamento es correcto (si esto es lo que realmente piensa Dios del sexo), hace que todos nos hayamos quedado muy cortos frente a sus estándares. Todos tenemos una visión rota, torcida y dañina de los demás en nuestra sexualidad. Esta es la incómoda consecuencia del mensaje cristiano; nos mete a todos en el mismo barco, pero no es un barco al que quisiéramos haber subido.

Por consiguiente, debemos recuperar el término antiguo usado para describir el mensaje originario de Jesús. Cuando Marcos empieza su relato de la vida y el ministerio de Jesús, lo hace de esta manera:

Principio de la buena noticia de Jesús el Mesías, el Hijo de Dios.

MARCOS 1:1 (DHH)

Aquí "buena noticia" traduce el vocablo griego que también se traduce como *evangelio*. Era el término que usaban las personas en aquella época para referirse a los anuncios trascendentales y positivos, como el nacimiento de un hijo del césar o una victoria del imperio sobre un enemigo distante. Pero Marcos la aplica a Jesús. Jesús es una buena noticia, y no solo *una* buena noticia, sino *la* buena noticia.

El motivo es que Jesús no solo es bueno por los estándares morales que nos proporciona, por mucho que los necesitemos. Es bueno incluso en su manera de respondernos cuando incumplimos esos estándares. A Dios le importa con quién nos acostamos porque se preocupa de verdad por nosotros, incluso cuando fallamos, como hacemos todos. El mensaje de Jesús para aquellos que son conscientes de esto no podría ser mejor, como el propio David descubrió mil años antes de su venida. ¡Sigue leyendo!

7

¿Y si realmente me he quivocado?

Uno de los términos ligeramente confusos que se ha incorporado a nuestro idioma como resultado de la enseñanza de Jesús es *bienaventuranza*. Significa "ser bendecido", y las Bienaventuranzas son un conjunto de declaraciones que hizo Jesús y que describen el tipo de personas a las que Él bendice, sobre quienes Él derrama su favor y sus dones.

Estas son las dos primeras parejas, y nos pillan desprevenidos:

Bienaventurados los pobres en espíritu,
porque de ellos es el reino de los cielos.

Bienaventurados los que lloran,
porque ellos recibirán consolación.

Mateo 5:3-4

Ser "pobre en espíritu" supone ser alguien que reconoce que espiritualmente no es tan grande como pensaba. "Llorar", en este caso en concreto, incluye la idea de lamentar en qué aspectos no hemos llegado a ser las personas que se esperaba que fuéramos.

Muchos de nosotros alcanzaremos este capítulo con una intensa sensación de remordimiento. Podría ser ese tipo de arrepentimiento soterrado en el que realmente no queremos pensar. También podría ser ese tipo de pesar tan crudo en el que no podemos evitar pensar. Algunos puede que no sintamos *ningún* remordimiento, aunque quizás deberíamos hacerlo. Como hemos visto, la sexualidad forma una parte tremendamente personal de la vida humana, y por consiguiente puede afectarnos muy profundamente en distintos sentidos.

El mensaje cristiano nos reta. No hay manera de eludirlo, y no quiero disculparme por ello. A mí también me desafía. Y a ninguno de nosotros le gusta que le digan que hemos metido la pata mucho más de lo que podríamos pensar.

Pero el mensaje cristiano también nos eleva. Dios nos ama mucho más de lo que nos atrevíamos a pensar, y lo que Jesús hace por nosotros, los que vivimos con amargos remordimientos, es acercarse a nosotros y bendecirnos.

Es decir, que si el mensaje cristiano primero nos deja en evidencia y luego nos levanta es porque nos dice que hemos metido la pata más de lo que pensábamos, pero también que se nos puede conceder un nuevo comienzo y una nueva esperanza que es más poderosa de lo que nos podríamos haber atrevido a soñar.

Es posible que te sorprenda la narrativa bíblica que describe cómo somos. Quizá estamos acostumbrados al concepto de "pecado", sobre todo dentro de un contexto religioso. Pero resulta fácil malinterpretar lo que significa realmente esta palabra para los cristianos. A menudo trivializamos el concepto (pienso en una marca de helados que define las calorías como "pecados"), o incluso lo minimizamos, considerando que solo determinados actos son realmente pecaminosos y malos.

Pero el mensaje del cristianismo piensa que el pecado es mucho más grave y profundo. El pecado no solo consiste en incumplir las reglas; supone perturbar nuestro corazón. Tiene que ver más con la actitud que con los actos. Ya hemos visto esto al hablar de la enseñanza de Jesús sobre el adulterio y la lascivia. Pero es un hecho que nuestros corazones están tan perturbados que podemos llegar a hacer cosas moralmente buenas de una manera pecaminosa y errónea. Si el pecado es la disposición profunda de nuestros corazones, significa que, de una u otra manera, cada ámbito de la vida se ve contaminado por él.

DESEOS HECHOS TRIZAS

Piénsalo así. Mi postre favorito es lo que los británicos llamamos "apple crumble": manzanas cocidas recubiertas de una capa de migas hechas de harina de trigo o de avena. Hace un tiempo fui un domingo a comer con nos amigos, y me dijeron que en honor a mi visita iban a preparar "apple crumble". Mi alegría al enterarme se vio empañada de inmediato cuando añadieron que habían "experimentado un poco con la receta". Intenté sonreír educadamente, pero por dentro me invadió la sensación de catástrofe inminente. Luego resultó que la sensación estaba justificada.

No estoy muy seguro de qué le añadieron (a juzgar por el sabor, debía ser plutonio), pero era horrible. Y daba igual de qué parte del plato tomase un bocado, de arriba o abajo, de la izquierda o de la derecha… todo sabía fatal. Lo que le añadieron afectó a todo el postre (y lo arruinó por completo).

Así creen los cristianos que es el pecado. Nuestros corazones retorcidos contaminan cada faceta de nuestra vida. Da igual el ámbito de la vida que se te ocurra: ninguno de nosotros es todo lo que debería ser. Esto no quiere decir que cada sector de nuestra vida esté todo lo mal que podría estarlo; solo que ninguna parte es tan buena como podría serlo.

De modo que cuando la Biblia habla del pecado sexual, no dice que el sexo sea un caso único o sea peor que cualquier otra cosa. Simplemente es realista sobre el hecho de que la peculiar desviación del corazón humano se manifestará en esta área de la vida tanto como en cualquier otra.

Siendo así, la respuesta a cualquier tipo de pecado no pasa solo por la modificación de la conducta. Si el problema radica en cómo son nuestros corazones, intentar adaptarse a determinados estándares éticos externos (las reglas) no servirá de nada. Sería como intentar aliviar los síntomas sin abordar el problema subyacente. No necesitamos una conducta mejor; en primer lugar, y por encima de cualquier otra cosa, necesitamos corazones nuevos.

Eso es muy importante cuando pensamos en la conducta sexual. En este terreno los cristianos cometen a menudo un par de errores concretos.

ERRORES Y REMEDIOS

Uno consiste en pensar que solo determinadas personas cometen pecados sexuales. Podemos hacer esto si nos fijamos en la conducta externa (e incluso entonces lo más probable es que no sepamos ni la mitad de lo que realmente sucede en la vida de alguien). Pero Jesús ya nos ha mostrado que el problema real es lo que sucede *en nuestros corazones*, no solo en *nuestros actos*. Según esta definición, todos somos pecadores y estamos rotos en esta área de nuestra vida. Podríamos serlo de maneras muy diferentes e incluso en distintos grados (aunque, una vez más, no siempre estamos en posición de juzgar tales cosas), pero ninguno de nosotros está en disposición de creerse superior a nadie.

Un segundo error, relacionado con el primero, es centrar toda la atención en mejorar la conducta sexual de la gente: establecer normas destinadas a restringir las oportunidades de cometer pecados sexuales. Intentar reducir la ocasión de pecar no es malo, pero por sí solo no alcanza el verdadero objetivo: *el problema está en nuestros corazones.* Eliminar las oportunidades de pecar sexualmente con nuestros cuerpos no hará que nuestros corazones sean mejores. Exhortar a los cristianos jóvenes a hacer resoluciones y votos no servirá de nada si no se produce un cambio en su corazón. También puede inducir a alguien a creer que, cuando incumple alguna de esas resoluciones (lo cual no es improbable si no se aborda el problema más profundo del corazón), le ha "fallado" al cristianismo y ya no hay vuelta atrás.

Afortunadamente, la Biblia no solo nos dice que en la esfera de la sexualidad todos estamos rotos; nos indica cómo responder a esta situación de forma positiva. Uno de los mejores ejemplos de esto es, una vez más, el rey David.

Ya hemos visto la situación tan terrible que provocó David y la manera brutal en que trató a Betsabé y a su familia. Cometió un acto de maldad detrás de otro; su lascivia condujo a la explotación, al engaño, al asesinato y al encubrimiento. A veces nos parece que, para paliar las consecuencias del pecado debemos seguir pecando (con una mentira u ocultando la verdad), y el problema crece como una bola de nieve hasta producir una avalancha inimaginable.

Las circunstancias de David eran únicas en muchos aspectos: era rey, y disponía de un poder inusual para abusar de otros y pecar del modo en que lo hizo. Pero él es también una imagen de todos nosotros. Todos pecamos sexualmente. No podemos desarrollarnos sexualmente sin que el pecado contamine nuestra sexualidad de alguna manera. En mi caso esto es más que cierto. Si tuviera que sincerarme totalmente sobre algunos de los pensamientos que me han pasado por la mente con el correr de los años, te escandalizarías y con razón. Y también es muy cierto en tu caso. Deberíamos ser conscientes de esto; debería preocuparnos. Al final acabó preocupando a David.

David era rey, pero hubo un profeta lo bastante valiente como para recriminarle lo que había hecho. Al final David aceptó la responsabilidad por sus actos y los procesó delante de Dios expresándolos en forma de una oración poética, que acabó formando parte de la Biblia como el Salmo 51. Puede que no hayamos hecho todo lo que hizo David, pero su respuesta es un ejemplo que debemos seguir cuando admitimos las maneras en que, dentro de nuestra sexualidad, tampoco nosotros somos las personas que deberíamos haber sido.

QUÉ DEBEMOS HACER

Veamos las dos primeras líneas del salmo de David:

> *Ten piedad de mí, oh Dios,*
>   *conforme a tu misericordia;*
>   *conforme a lo inmenso de tu compasión,*
>   *borra mis transgresiones.*
> *Lávame por completo de mi maldad,*
>   *y límpiame de mi pecado.*
>
> SALMO 51:1-2

David ha fracasado espectacularmente. Sabe que le ha fallado a Dios, pero también sabe que el mejor lugar al que acudir cuando has fallado Dios es a Dios mismo. Para David (y para nosotros) habría sido fácil pensar: "He metido la pata hasta el fondo. Ahora no hay manera de que me acerque a Dios". En cierto sentido, eso es cierto: en el fondo no somos personas que podamos tener ninguna relación con un Dios que afirma que es santo.

Pero David ya ha aprendido algo sobre Dios, algo que figura en esas primeras líneas introductorias. David no clama a Dios desde la desesperación absoluta, pensando que incluso la posibilidad remota de que Dios le escuche es mejor que nada. No, David clama a Dios sabiendo cómo es Dios. David pide misericordia a Dios: que Dios borre y limpie todo lo malo que ha hecho. Pide a Dios que le trate como si nunca hubiera hecho las cosas que ha hecho. Pero le pide esto a Dios no como un favor para un rey, sino conforme a los caminos de Dios, conforme a su "misericordia" y a "lo inmenso de su compasión". Estas son palabras que el mismo Dios ha usado para describirse en momentos clave de todo el Antiguo Testamento. Dios se anuncia como "Dios compasivo y clemente, lento para la ira y abundante en misericordia y fidelidad" (Éx. 34:6). Esta es la manera preferida de Dios para hablar de sí mismo; es su *tuit* favorito. Las cualidades esenciales de Dios son la compasión, la gracia, el amor y la fidelidad.

David ha ido aprendiendo esto por el camino, de modo que se acerca a Dios y le pide algo aparentemente imposible, y lo hace porque Dios se ha revelado como el tipo de Dios que hace cosas imposibles para personas que no las merecen en absoluto.

Tendemos a pensar que si Dios nos ama debe ser porque nos hemos hecho dignos de su amor, pero no es así. Dios nos ama más por lo que es *Él* que por lo que somos *nosotros*.[32] Nos ama porque es amor, no porque seamos personas que merezcan amor.

David sabía esto, y nosotros también podemos saberlo. Ninguno de nosotros *merece* el amor de Dios, pero todos podemos recibirlo. Si David pudo, nosotros podemos. No somos

---

32. Creo que esta frase se la debo a Glen Scrivener.

tan buenos como para que no tengamos que acudir a Dios rogando misericordia, y no somos tan malos como para no poder hacerlo. Da igual lo que hayamos hecho, lo que hayamos visto, lo que hayamos pensado. Ningún grado de pecado sexual puede impedir que te vuelvas a Dios.

Que Dios sea así es lo que hace que el cristianismo sean buenas noticias. Un Dios como este se presta a que seamos sinceros al revelarle nuestros errores.

QUÉ ES NECESARIO QUE ADMITAMOS

Parece que vivimos en una era de disculpas descafeinadas. Estamos acostumbrados a que personajes públicos "se disculpen" por cómo han hecho sentir a otros con sus palabras o sus actos, o por cómo esas personas han interpretado sus palabras o actos, sin que en realidad admitan haberse portado como no debían.

David no hace eso. Ya hemos visto que admite que lo que ha hecho está mal. Sus actos no solo no son ideales e imperfectos, sino moralmente malos. Existe una línea ética real, y David sabe que la ha cruzado. Como dice él mismo:

> *Porque yo reconozco mis rebeliones,*
> *y mi pecado está siempre delante de mí.*
>
> SALMO 51:3

David no solo sabe que lo que ha hecho está mal, sino que tampoco parece poder quitárselo de la cabeza. Ahora que se lo han recriminado y ha salido a la luz la verdadera naturaleza de sus actos, su conciencia está profundamente atribulada. No puede dejar de pensar en lo que ha hecho. No lo edulcora: no habla de "pasos en falso" ni de "tropezones". Lo que ha hecho es "malo" a los ojos de Dios (v. 4). Es imposible eludir esa verdad.

David tampoco intenta decir que sus actos no son en absoluto representativos de su forma de ser. Hoy en día es frecuente que cuando se revela que alguien ha hecho algo malo, diga: "No sé qué me ha pasado. Yo no soy así". David dice lo contrario:

He aquí, en maldad he sido formado,
y en pecado me concibió mi madre.

SALMO 51:5

Los eruditos debaten si David estaba usando una exageración poética (hipérbole) o si realmente pensaba que tuvo una naturaleza pecaminosa desde el mismo momento en que fue concebido. Pero la idea central de David está clara: lo que hizo fue consecuencia de lo que llevaba dentro. Cometió adulterio porque, en su corazón, era adúltero. Mintió porque en el fondo era mentiroso, y asesinó porque, en lo hondo de su corazón, era un asesino. David entiende que el problema radica en el corazón, no en una aberración conductual inusual. Hizo lo que hizo porque su corazón era como era.

Esta es una verdad que resulta profundamente incómoda cuando la admitimos, pero es lo que vemos a lo largo de toda la enseñanza de Jesús. Instintivamente, queremos decir que el problema está en nuestra conducta (que, esperamos, se puede mejorar); Jesús nos reta en todo momento a aceptar que el problema radica en nuestro corazón.

Como pasa en la mayoría de generaciones, tendemos a pensar que nuestro verdadero yo, en lo más profundo de nuestro ser, es fundamentalmente bueno. Sabemos (en nuestros mejores momentos, los más realistas) que no lo hacemos todo bien. Pero es muy diferente admitir que, en nuestro núcleo más profundo, hay algo que está fundamentalmente mal. Sin embargo, Jesús insiste en que afrontemos esta realidad. En cierta ocasión pronunció este perturbador diagnóstico:

> *Porque del corazón salen los malos pensamientos, los homicidios, adulterios, las fornicaciones, los hurtos, los falsos testimonios, las blasfemias. Estas cosas son las que contaminan al hombre.*
>
> MATEO 15:19-20

Todas las cosas que Jesús incluye en la lista son solo síntomas de lo que anda mal bajo la superficie. Tenemos malos pensamientos porque nuestros corazones son como son. Robamos y mentimos porque nuestro corazón quiere. Abusamos de la sexualidad humana (de la nuestra y de la de otras personas) porque nuestro corazón nos induce a ello. A menos que admitamos esto, nunca nos comprenderemos de verdad. Nuestro quebrantamiento sexual es indicio de un quebranto más profundo y fundamental en nuestra naturaleza humana.

Una vez más, una parte de la naturaleza de Dios, revelada por Él mismo, hace que David pueda admitir ante Él estas cosas sin temor. David, gracias a sus propias interacciones con Dios, había descubierto que el Señor *es* misericordioso de verdad, lleno de gracia, de fidelidad y de amor.

Nosotros podemos descubrir lo mismo. Estas cualidades de Dios (tan claras para David en la época del Antiguo Testamento) se aprecian con mayor claridad en la vida de Jesús. Cuando lees cualquiera de los cuatro Evangelios, es imposible pasar por alto el tipo de Dios que Jesús nos revela. Es un Dios que no finge que somos mejor de lo que somos, o que se limita a reprendernos por ser así, sino que increíblemente entra en nuestra realidad y carga sobre sí todo nuestro quebranto.

De Jesús se dijo que "la caña cascada no quebrará, y el pábilo que humea no apagará" (Mt. 12:20). Quizá sean palabras que nos suenan extrañas, pero expresan algo realmente maravilloso. Jesús es lo bastante tierno como para que le confiemos nuestras heridas más dolorosas. No nos aplastará. Es más cuidadoso con nuestros quebrantos y errores de lo que podamos imaginar.

Esta es la esencia de la fe cristiana. Gracias a lo que ha hecho Jesús, ahora, por fin, podemos sentirnos seguros aunque Dios nos conozca de verdad. No tenemos que escondernos. No hay necesidad de edulcorar nada. Podemos confesar lo peor que hay en nuestros corazones, profundamente y con libertad.

QUÉ NECESITAMOS RECIBIR

David no solo admite la realidad de su corazón (aunque eso no debió resultarle fácil); también acude delante de Dios y pide ayuda. Sabe que Dios no solo expone lo que somos de verdad. Esto, por sí solo, no serviría de mucho. No, Dios nos promete también obrar en nuestras vidas para renovarnos, así que eso es lo que pide David:

> *Purifícame con hisopo… lávame…*
> *Hazme oír gozo y alegría…*
> *Esconde tu rostro de mis pecados,*
> *y borra todas mis maldades.*
> *Crea en mí, oh Dios, un corazón limpio.*
> SALMOS 51:7-10

David pidió a Dios que, de alguna manera, no le acusara por sus pecados. Sabía que Dios puede hacer esto, encontrar una manera de tomar el mal que hemos hecho y no tratarnos conforme merece nuestra conducta. Ahora, la muerte de Jesús nos demuestra cómo es posible.

David también pidió un corazón nuevo, más limpio. El perdón es una cosa, pero el cambio es otra.

Hace unos años, un amigo y yo estábamos haciendo senderismo en un monte de Snowdonia, en Gales. Como la ruta estaba muy transitada, decidimos "improvisar" un camino hacia la cima, que esquivaría a los demás senderistas. En determinado momento nos descolgamos a una cornisa y descubrimos que no había forma de seguir bajando, pero tampoco de volver a subir. Empecé a ponerme nervioso, y recuerdo que me dije: "si llego a salir de esta, nunca volveré a cometer la misma estupidez". Lo cual resultó irónico, dado que no era la primera vez que había dicho algo así. Unos pocos años antes me había visto en una situación similar en otro monte, en el Distrito de los Lagos de Inglaterra.

De modo que, en aquel instante en Gales, necesitaba que me rescatasen de dos cosas: la cornisa y mi estúpida propensión a meterme en situaciones como aquella. Necesitaba rescate *y* cambio. Sin el segundo, probablemente acabaría colgado en la cornisa de cualquier otra cadena montañosa en un futuro no precisamente lejano.

No basta con decirle a Dios "ojalá no hubiera hecho eso". Lo que realmente necesitamos decir es "ojalá no fuera el tipo de persona que hace eso".

La buena noticia es que Dios no nos perdona sin también transformarnos. Y, de hecho, es precisamente el perdón que nos concede el que acaba cambiándonos. Cuando descubrimos que Cristo llevó sobre sí mismo nuestros pecados, empezamos a tener una actitud distinta hacia ellos. No es que seamos incapaces de pecar, pero ya no nos gusta tanto. Es como beber zumo de naranja después de lavarse los dientes. El zumo no ha cambiado, pero tu paladar sí, y mucho. La muerte de Cristo tiene ese efecto sobre nosotros. Si nos volvemos a Jesús, descubrimos que poco a poco el pecado pierde su gusto.

Es muy importante saber esto. Resulta fácil pensar que nunca cambiaremos. Es posible que hayamos forjado determinados hábitos sexuales que creemos que jamás podremos dejar atrás. Puede ser el acto de ver pornografía, tener relaciones esporádicas con desconocidos, pasar de una relación sexual a otra o fantasear habitualmente sobre determinadas personas. Parece estar arraigado, no podemos imaginar que en algún momento no queramos hacer eso, y mucho menos cambiar nuestra conducta.

Así que, al igual de David, tenemos que pedir gozo, "hazme oír gozo y alegría" (v. 8). El pecado ataca nuestro gozo; hace que la vida sea triste. Pero el gozo espiritual también ataca nuestro pecado. Solo dejamos de disfrutar de un pecado cuando hay algo que empieza a gustarnos mucho más. Es difícil librarse de un deseo perjudicial; necesitamos un deseo nuevo y mayor. Por lo tanto, David no pretende apretar los dientes y seguir los caminos de Dios; quiere amar y desear esos caminos.

Podemos pedir a Dios todas estas cosas. Jesús deja claro que a Dios le encanta dar buenas cosas a sus hijos (ver Mt. 7:7-11). Si descubrimos que no queremos nada de los caminos de Dios, podemos decírselo. Podemos *desear* quererlo.

Ninguno de nosotros es tan bueno como para no necesitar esto, y ninguno de nosotros es lo bastante malo como para no ser capaz de hallarlo. El hecho de que Dios pueda perdonar y renovar a un hombre como David demuestra que puede hacer lo mismo por cualquier persona. Resulta doloroso encajar lo que dice, que nuestra sexualidad está tan rota. Pero esa admisión es el camino que lleva al gozo de conocer el perdón y la transformación.

NUEVA CADA MAÑANA

Uno de mis recuerdos favoritos de la infancia es cuando visitaba a mis abuelos, que vivían junto al mar. Su casa estaba justo al lado de una extensa playa de arena, y la marea, cuando bajaba, dejaba lo que (para mis ojos infantiles) eran kilómetros y kilómetros de arroyuelos y lagos. Me pasaba muchas horas excavando en la arena, poniendo diques en los riachuelos más grandes, haciendo depósitos nuevos, levantando muros y protecciones. Al final de la tarde, la playa se había transformado. Yo estaba cansado, un poco bronceado por el sol y la mar de contento con mi trabajo.

Pero había algo indudable: a la mañana siguiente no quedaba ni rastro de todas las horas de trabajo que había invertido el día anterior. La marea había subido y bajado, y la playa volvía a estar como nueva. Disponía de un nuevo lienzo en el que trabajar.

Nos cuesta imaginar que las ruinas de este mundo derruido puedan reconstruirse. Algunos somos conscientes de hasta qué punto les hemos complicado la vida a otros. Pensamos en las heridas que hemos causado, las maneras en que hemos utilizado de forma egoísta nuestra sexualidad y la suya. Pensamos en el caos que todo esto ha provocado en nuestro corazón, por no hablar de los corazones ajenos.

Posiblemente David se sintió así, pero conocía la compasión y la misericordia de Dios. Sabía que la respuesta de Dios a nuestra situación caótica no era simplemente tirarnos de las orejas (aunque tendría todo el derecho a hacerlo), sino ayudarnos. David sabía que, como la marea en la playa, Dios puede y quiere arrastrar todas las cosas que hemos hecho mal. De modo que, cuando David admite lo que ha hecho, pide ayuda y está seguro de que el Dios al que ora derramará enseguida su compasión; puede confiar en cuál será el resultado. Y nosotros también.

Todos somos pecadores sexuales. Tú lo eres, y yo también. Recuerdo cosas que he pensado, y otras que he hecho, que incluso ahora hacen que me avergüence. A mi mente le cuesta muy poco empezar a pensar en otros de una manera que no honra su sexualidad, una manera que los deshumaniza y los convierte en objetos. En mi corazón hay auténtica perversión. Esto me duele, pero en ocasiones aún me tienta. No he dejado de luchar con esto, ni tampoco de crecer. Supongo que durante el resto de mi vida seré consciente de esto y lucharé contra ese problema. Siempre tendré una sexualidad imperfecta.

Por lo tanto, necesito esta buena noticia del cristianismo. Necesito saber que la capacidad divina de perdonar y de sanar es mucho mayor que mi capacidad de enredar las cosas. Necesito saber que Dios es lo bastante grande, lo bastante inteligente y lo bastante *bueno* como para contemplar el caos de mi corazón y de mis actos y acercarse a mí en Cristo, invitarme a acudir a él y comenzar el proceso de reconstruirme. Este es un mensaje que necesito escuchar cada día.

Que a Dios le importe esta área de la vida es una buena noticia. La alternativa es que nos abandone a nuestros propios recursos, y mejor no pensar en eso. Pero esto no quiere decir que sea fácil confiarle esta parte de nuestra vida. Para muchos de nosotros, el sexo y la sexualidad parecen el medio clave de autoexpresión y de realización personal. Por lo tanto, meditemos sobre lo que hace Jesús con alguien cuya misión e identidad esenciales giran en torno a encontrar la pareja idónea, alguien convencido de que esa sería la clave para tener una vida más plena. El encuentro que tuvo una mujer samaritana con Jesús no la alejó de él, sino todo lo contrario. Él es una buena noticia para los que han sufrido desde el punto de vista sexual, y también para quienes han causado sufrimiento.

8

¿Es que no necesitamos realizarnos sexualmente para ser quienes somos?

Piensa en todo lo que has bebido en lo que va de día. A lo mejor has empezado con café y zumo durante el desayuno, y quizá unos cuantos vasos de agua a lo largo del día, o un par de tazas más de café o de té. Esto es algo en lo que no solemos pensar, precisamente porque no suele ser necesario. Apenas le prestamos un momento de atención: tenemos a mano lo que queremos y necesitamos beber, y lo tomamos sin pensar más en ello. Esto quiere decir que, en realidad, no sabemos lo que significa tener sed. En el fondo, no.

La sed es una necesidad tan primaria, un concepto tan básico, que a menudo lo usamos para hablar de otras necesidades y deseos. Decimos que alguien tiene sed de compañía, o que un niño es capaz de absorber información como una esponja, o que queremos empaparnos de conocimiento.

Por consiguiente, no es de extrañar que usemos fácilmente este tipo de expresiones cuando hablamos del sexo. Pensamos que tiene que ver con deseos, apetitos, necesidades y con la intención de hallar satisfacción. Está claro que los anhelos intensos pueden crear problemas. La sed extrema puede inducir a un náufrago a beber agua salada, lo cual solo agudizará la experiencia de la sed. Esto también lo vemos en el terreno del deseo sexual. A menudo, los contactos sexuales lamentables son consecuencia de profundos deseos insatisfechos que intentamos aliviar de maneras que, en última instancia, no sirven de nada.

LA MUJER JUNTO AL POZO

Todo esto nos ayuda cuando nos encontramos con una mujer de una época y de un lugar muy diferentes a los nuestros. Vivía en una región llamada Samaria, en lo que actualmente es Israel. Podemos dar por hecho que ella conocía muy bien lo que era la verdadera sed física, porque la encontramos al mediodía, cuando el sol está más alto y el aire es más sofocante. Sucedió hace dos mil años. Cuando la encontramos tiene sed física, y está junto a un pozo en busca de agua, sin nadie a su alrededor, marginada y condenada al ostracismo. Por lo tanto, podemos asumir que también tiene sed de compañía. Cuando la dejamos, ambos tipos de sed han quedado satisfechos.

Es posible que no nos resulten familiares ni su época ni el lugar donde estaba, pero buena parte de su experiencia sí. Tiene un historial sexual complejo; de hecho, en sus tiempos debió ser un auténtico escándalo, y ese es el motivo de que otros la rechacen. Vive con deseos insatisfechos. Su vida amorosa ha sido una colección de intentos fallidos para satisfacer esos deseos. Su vida emocional es un caos. Quizá a estas alturas se plantea si existe alguna posibilidad de sentirse plena.

Solo la conocemos porque se encontró con Jesucristo, y el episodio está recogido para nosotros en uno de los cuatro Evangelios; puedes leer el relato en Juan 4:1-30.

En cierto sentido, Jesús no debería haber estado allí. Los judíos no solían atravesar Samaria. Había malas relaciones históricas entre ambos pueblos, y muchos judíos no querían siquiera que sus pies tocasen tierra samaritana. Recorrían la ruta más larga para evitar pasar por ese territorio. Pero Jesús tenía su propia manera de pensar sobre este asunto. Mientras viaja por la región, se detiene junto a un pozo en una ciudad llamada Sicar y, según nos cuenta Juan, es mediodía, la mitad del día. Ahí es donde se encuentra con esta mujer tan particular.

Lo cierto es que ella tampoco tendría que haber estado allí. El mediodía era la peor hora para estar fuera de casa. Normalmente, la gente acudía al pozo durante las primeras horas de la mañana, cuando hacía más fresco. El hecho de que estuviera allí en una hora tan antisocial sugiere que no se relacionaba con los círculos habituales. Que acuda sola al pozo sugiere que seguramente no se relacionaba con ningún círculo.

Jesús la aborda pidiéndole un poco de agua:

Dame de beber. JUAN 4:7

Esto tampoco debería haber sucedido. En esa cultura, normalmente los hombres no hablaban con mujeres a las que no conocían. Pero en este caso era aún peor: él era un rabino judío, y ella era una mujer samaritana que, aparentemente, tenía mala fama. Jesús está desmontando todas las barreras: social, étnica, moral, religiosa y de género. Este episodio nos dirá muchas cosas de él. Es posible que ella sea una paria que está sola en un lugar desierto, pero Jesús no se aprovecha de ella ni la insulta de ninguna manera; la trata con respeto y con dignidad.

EL HOMBRE JUNTO AL POZO

Vale la pena hacer una breve pausa. Aunque Jesús era en muchos sentidos parte de la cultura judía del siglo I, no estaba atado por ella. No se limitaba a seguir la corriente sencillamente porque fuera la cultura de la época. Estaba dispuesto a romper radicalmente con las costumbres de la época cuando le parecía necesario. Por consiguiente, su adopción de la ética sexual del Antiguo Testamento no es una señal de que se viera atrapado inevitablemente en la cultura de su época.

Esto es, por cierto, exactamente lo que esperaríamos de alguien que afirmase ser lo que afirma ser Jesús: aquel a quien su Padre celestial envió para atraer a Él al mundo. Si realmente ha sido enviado desde el cielo, procede de fuera de toda cultura humana, de modo que sus palabras y su enseñanza a veces sustentarán y a veces criticarán los valores de cualquier cultura humana concreta. Esto es un indicio de que él no pertenece plenamente a ningún momento cultural, incluyendo aquel en el que nació y creció. Está en él, pero no es de él (algo que también pide de sus seguidores).

Así que, a diferencia de muchos de sus contemporáneos, no cree que esa mujer sea inferior a él. Todo lo contrario: Jesús no se aparta de los que tienen mala fama; los busca.

Luego se produce una breve conversación:

> *La mujer samaritana le dijo: ¿Cómo tú, siendo judío, me pides a mí de beber, que soy mujer samaritana?... Respondió Jesús y le dijo: Si conocieras el don de Dios, y quién es el que te dice: Dame de beber; tú le pedirías, y él te daría agua viva.*
>
> JUAN 4:9-10

Esto ejemplifica el tipo de cosas que dice Jesús, y subraya por qué tan a menudo trastoca nuestras expectativas. Cada parte de lo que le dice a la mujer tiene su importancia:

- *Si conocieras el don de Dios...* Jesús le está diciendo que hay algo que Dios ha hecho accesible a todo el mundo gratuitamente: algo que nadie merece, que no puede ganarse ni conseguirse de ninguna manera. Recibirlo no depende de nuestra raza, nuestro género o nuestro carácter y actuación.

- *...y quién es el que te dice: "Dame de beber", tú le pedirías...* Lo que Dios tiene para nosotros nos lo puede proporcionar el mismo Cristo, y está ahí para que lo pidamos. Él tiene autoridad para darnos lo que Dios quiere que tengamos.

- *...y Él te daría agua viva.* El don que Dios nos ha dado, por medio de Jesús, es "agua viva". Jesús estaba junto a un pozo en un país árido. El agua estaba siempre presente en el pensamiento de los habitantes. La sed no era una incomodidad ocasional y leve, sino una amenaza perpetua y grave. La localización, la disponibilidad y el suministro de agua dominaban buena parte de la vida cotidiana. El agua es vida. Por naturaleza no apreciamos hasta qué punto dependemos de ella, y lo que sería intentar vivir sin poder acceder fácilmente a ella. Y sin embargo, a pesar de lo crucial que es el agua para la vida, Jesús dice que hay algo más que podemos tener: "agua viva".

Luego Jesús explica lo que quiere decir con esto:

> *Respondió Jesús y le dijo: Cualquiera que bebiere de esta agua, volverá a tener sed; mas el que bebiere del agua que yo le daré, no tendrá sed jamás; sino que el agua que yo le daré será en él una fuente de agua que salte para vida eterna.*

> JUAN 4:13-14

Jesús está haciendo una afirmación colosal: que hay dos tipos de agua. El tipo normal (el que aquella mujer saca de aquel pozo), y el agua que Jesús ofrece.

El agua normal cumple su función estupendamente, pero esta es limitada. Sacia nuestra sed, pero solo temporalmente. La mujer tomará lo que necesita y lo consumirá agradecida, pero tendrá que volver a por más. Nunca será capaz de llevarse la cantidad suficiente. Lo mismo nos pasa a nosotros: por mucha agua que podamos obtener, siempre necesitaremos más.

Pero Jesús dice que nuestra agua cotidiana no es el único tipo de agua que existe, y la sed que tenemos de ella no es la única clase de sed que sentimos. Hay otra sed más profunda.

DE QUÉ TENEMOS SED

El "agua viva" que ofrece Jesús *puede* satisfacernos del todo. Una vez disponemos de esta agua, ya no sentiremos más esta sed. Su efecto será duradero y permanente.

Jesús dice que su agua es interna. Describe un manantial que brotará *en nuestro interior* si bebemos de esa agua: una fuente *"en* ellos". No habrá necesidad de buscar un pozo cercano; de alguna manera, estará en nuestros corazones. Y fíjate que no es solo un pozo interior, sino un *manantial*. No son lo mismo. Un pozo se puede cerrar y se puede abrir; proporciona agua cuando es necesario. Pero un manantial es una fuente continua, no se puede interrumpir de vez en cuando. No lo controlamos. De modo que, sea lo que sea esa agua viva, Jesús no solo promete una cantidad lo bastante grande como para que vivamos el resto de nuestra vida, sino un suministro inacabable e interno. No nos volvemos solo contenedores, sino también portadores.

Jesús está diciendo que hay una sed que nos afecta a todos. Es una sed profunda e interior; es una sed del alma, una sed que según dice *solo él* puede saciar y satisfacer. Todos experimentamos esto, una nostalgia, un anhelo de algo que siempre parece estar fuera de nuestro alcance. C. S. Lewis lo describe como el deseo que tenemos todos de "un país lejano". Es tremendamente personal. Lewis sigue diciendo:

> *Al hablar de este deseo de nuestro país lejano, que detectamos en nosotros ahora mismo, me embarga cierta timidez. Estoy haciendo algo casi indecente. Estoy intentando descubrir el inconsolable secreto en cada uno de vosotros... el secreto... que penetra con una dulzura tan grande que cuando, en una conversación íntima, se hace inminente la mención del mismo, nos sentimos incómodos y fingimos reírnos de nosotros mismos; el secreto que no podemos esconder ni contar, aunque deseamos hacer ambas cosas. No podemos contarlo porque es un deseo de algo que nunca ha aparecido en nuestra experiencia. No podemos esconderlo porque nuestra experiencia lo sugiere constantemente, y nos traicionamos como los amantes cuando se menciona un nombre.[33]*

Todos nosotros tenemos nuestro propio concepto de lo que es esto, y nuestra propia y callada manera de buscarlo. Pero lo que afirma Jesús es que nada de lo que podamos encontrar o conseguir por nosotros mismos satisfará jamás esa necesidad. Da igual lo que busquemos para llenar ese vacío; nunca será suficiente. Cuanto más tengamos de ello, más seguiremos queriendo de lo mismo, ya sean relaciones, poder, intimidad, familia, dinero, reconocimiento, seguridad o cualquier otra cosa.

El magnate y filántropo John D. Rockefeller, cuando le preguntaron cuánto dinero sería suficiente para él, dio una

---

33. C. S. Lewis, *The Weight of Glory* (William Collins, 2013), pp. 29-30.

respuesta ya famosa: "solo un poquito más". Tendemos a poner los ojos en blanco frente a tamaño absurdo, dado lo increíblemente rico que era, pero Jesús nos dice que eso mismo es igual de cierto de nosotros. Busquemos donde busquemos para satisfacer la sed de nuestra alma, nunca habrá suficiente para ofrecernos una verdadera satisfacción. En este mundo no hay suficiente dinero para alguien que vive para la riqueza. No hay suficiente intimidad para quien vive para relacionarse, ni reconocimiento para quien vive para su reputación. No hay suficiente de nada, en ningún lugar del mundo, para saciar la sed que Jesús dice que anida en el corazón de todos nosotros.

Esto explica por qué el éxito en la vida puede conducir, tan frecuente y sorprendentemente, al aburrimiento y desasosiego profundos. Si finalmente llegamos al destino que hemos soñado toda nuestra vida, durante un tiempo nos parece maravilloso, pero luego nos invade la sensación de que tenemos que llegar un poco más allá para ser *realmente* felices.

Por todas partes hay evidencias de que esto es así. Si dudamos de ello, seguramente es porque aún no hemos alcanzado ese lugar que pensamos que nos satisfará. Pero quienes llegan cuentan la misma historia. No es suficiente; necesitan algo más. Hay personas que han obtenido una cantidad desmesurada de dinero, o se han acostado con un número absurdo de personas, o han conseguido una cantidad extravagante de títulos y diplomas, y que siguen sintiendo que necesitan algo más que eso. Es un proceso inacabable.

Jesús nos dice por qué. La presencia de la sed de algo que no podemos encontrar en este mundo nos demuestra que estamos hechos para algo fuera de él. Una vez más, C. S. Lewis da en el clavo:

> *Si sentimos un deseo que nada en este mundo puede satisfacer, la explicación más probable es que fuimos creados para otro mundo.*[34]

Esto es exactamente lo que está diciendo Jesús: ha venido a ofrecernos algo de fuera de este mundo, algo que anhelan nuestras mentes y nuestros corazones.

Esto es lo que Jesús afirma poseer, y que ahora ofrece a esa samaritana solitaria junto al pozo. Repentinamente, en medio de su conversación (y de una manera que quizá nos parezca tosca), Jesús le pide que vaya a buscar a su marido. Ella responde que no tiene marido. Nos resulta un poco incómodo; viene a ser como preguntar de cuántos meses está a una mujer que resulta que no está embarazada. Pero Jesús sabe lo que se hace. Está sacando cuidadosamente a la luz aquello en lo que el corazón de la mujer ha confiado durante todos esos años:

> *Jesús le dijo: Bien has dicho: No tengo marido; porque cinco maridos has tenido, y el que ahora tienes no es tu marido; esto has dicho con verdad.*
>
> JUAN 4:17-18

Jesús lo sabía ya antes; según parece, su una perspicacia es sobrenatural. Ha tocado este tema doloroso con ella no porque sea cruel, sino porque, tras haberle mostrado la accesibilidad de esta agua viva, quiere revelarle la necesidad concreta que tiene ella de beberla.

Ella ha estado casada cinco veces. Ahora convive con otro hombre, alguien que a estas alturas no es su marido. ¿Por qué sacar ese tema? Porque ahí es donde se vuelve más evidente su necesidad de agua viva. Esos hombres son el medio

---

34. C. S. Lewis, *Mere Christianity* (Macmillan, 1956), p. 20.

que ha usado esa mujer para intentar saciar la sed de su alma. En cada ocasión pensó que *ese* hombre sería el que la satisfaría. No ha funcionado con los cinco primeros, pero ¿y si el sexto es el definitivo?

Es una historia trágica. Es evidente que sus intentos de encontrar su máxima satisfacción en las relaciones han fracasado uno tras otro.

Pero debemos tener en cuenta una cosa más. En el mundo antiguo, quienes iniciaban un divorcio eran los hombres, no las mujeres. Cada uno de esos matrimonios fracasados ha concluido por iniciativa del varón, no de ella. De modo que no debemos pensar en esa mujer como alguien que desecha a los hombres cuando no son suficientes para ella. *Ellos* fueron quienes rompieron el matrimonio. Cinco veces en su vida un hombre ha decidido que ella no es alguien con quien quiere seguir casado. Piensa en ello: *cinco veces*. Esa mujer ha sufrido una dosis incalculable de rechazo.

Es posible que estas dos cosas (su búsqueda de la satisfacción última por medio de las relaciones y el rechazo del que ha sido objeto) no estén desvinculadas. La cuestión es que, si nos casamos con alguien, o incluso si nos juntamos con una persona pensando que esto será lo que nos haga sentir plenos, no seremos personas con las que sea muy fácil convivir. Si esperamos que otro ser humano llene ese espacio de propósito y sentido en nuestras vidas, es factible que esto eche sobre ellos una carga insoportable. Cuanta más presión apliquemos a nuestra relación, más miedo tendremos de perderla, más celos tendremos de quien pudiera inmiscuirse en ella y más paranoicos nos mostraremos frente a amenazas potenciales. De modo que quizá no es solo que esos hombres no fueran suficientes para la samaritana; *ella* también era demasiado para ellos.

Por lo tanto, tiene dos necesidades. No solo necesita encontrar a alguien a la altura de sus expectativas y que satisfaga sus necesidades quiméricas; también necesita encontrar a alguien que no la use ni la rechace. Esto significa que debe encontrar a alguien que sea capaz de soportar toda la carga de sus necesidades sin que estas lo aplasten. Según Jesús, esa es la persona que tiene justo delante. Si ella supiera quién es Jesús realmente, sería ella quien le pidiera *a él* agua viva.

A medida que prosigue la conversación, Jesús reitera esta idea:

> *Mas la hora viene, y ahora es, cuando los verdaderos adoradores adorarán al Padre en espíritu y en verdad; porque también el Padre tales adoradores busca que le adoren.*
>
> JUAN 4:23

Dios quiere tener una relación de corazón con las personas.

Es evidente que estamos tocando temas profundos que no son fáciles de entender. Sin duda eso es lo que le pasa a la samaritana con la que habla Jesús.

> *Le dijo la mujer: Sé que ha de venir el Mesías, llamado el Cristo; cuando él venga nos declarará todas las cosas.*
>
> JUAN 4:25

Jesús aún tiene una cosa que decirle, y será algo que acabe transformando por completo la vida de la samaritana.

> *Jesús le dijo: Yo soy, el que habla contigo.*
>
> JUAN 4:26

Ahí está. En una breve frase. Pero incluso las frases pueden transformar una vida, y esta hizo que la de aquella mujer diese un giro de 180 grados.

Jesús le está diciendo que él es aquel a quien ella esperaba con tanta expectación. Él es el que declarará todas las cosas al mundo. De hecho, eso es precisamente lo que ha estado haciendo. Le ha estado diciendo que Dios tiene un regalo para ella, un regalo que será la respuesta a toda una vida de búsqueda infructífera y desgarradora. Le ha estado demostrando que ella necesita el agua viva, para tener paz y satisfacción en su alma. Le ha explicado cómo, en realidad, Dios busca adoradores... incluso a ella. Todo esto es lo que Jesús le ha declarado.

Pero hay algo más que se materializa en este último comentario. Por mucho que ella ha intentado evitar el tema, Jesús la ha expuesto a sí misma. Le ha conferido sentido. Ha explicado la trayectoria de su vida y la sensación de aridez en lo profundo de su ser. Le ha hecho ver por qué siente un dolor tan incesante en su alma, y dónde puede encontrar por fin la respuesta a su anhelo. Ella ha estado buscando la satisfacción última en los hombres; lo que realmente necesita es algo que solo Jesús puede ofrecerle: *agua viva*.

ADIÓS A LA SED

Esto es algo que debemos saber. Para muchas personas de nuestra cultura, el sexo o las relaciones románticas son la manera de intentar saciar la sed de nuestras almas. Por eso son cosas tan importantes para nosotros; es lo que sentimos que necesitamos. Por eso somos tan prudentes cuando encontramos un sistema de creencias, como el cristianismo, que puede restringir con quién nos acostamos. Pero buscar nuestra satisfacción última en la plenitud sexual o romántica supone seguir bebiendo el agua salada de este mundo: nunca saciará de verdad nuestra sed. Ninguna relación ni experiencia sexual será suficiente jamás.

Entonces, ¿cómo funciona esta agua viva de Jesús? ¿De qué está hablando en realidad?

En definitiva, de lo que habla Jesús es de su muerte. Cuando la samaritana se marcha después de ese encuentro, ha experimentado una transformación importante. Cuando nos encontramos con ella, era una paria sedienta, que había acudido al pozo para encontrar agua durante una hora en la que tenía claro que no se encontraría con nadie. Pero cuando se aleja tras hablar con Jesús la situación es muy distinta. Se encamina a su ciudad para hablar de Jesús a los habitantes. Ellos la habían marginado y ella los había eludido. Ahora los busca y a ellos les resulta interesante, y la siguen para conocer a Jesús (v. 30). Es una inversión completa.

Y, gracias a un detalle revelador, percibimos otro cambio. Cuando se levantó para marcharse, Juan nos dice que se dejó el cántaro junto al pozo, no se lo llevó con ella (v. 28). Se había olvidado de aquello por lo que había venido. Ya no tenía sed.

¿Cómo pudo Jesús producir semejante cambio en ella?

La respuesta está en las experiencias que tuvo en su muerte. Allí se convirtió en el paria por antonomasia, el blanco de sus crueles enemigos, incomprendido por su familia, arrollado por las autoridades, abandonado por sus amigos y alienado de Dios, hasta que exclamó: "Dios mío, Dios mío, ¿por qué me has desamparado?" (Mr. 15:34).

En su muerte también padeció la sed espiritual. Por primera vez le faltaba algo de Dios que nunca antes le había faltado. Experimentó la sed última del alma, cuando desapareció el agua viva que anteriormente había ofrecido a aquella mujer. En la cruz exclamó: "¡Tengo sed!" (Jn. 19:28), como señal no solo de su tormento físico, sino de la agonía espiritual más profunda por la que estaba pasando.

¿Por qué? Porque estaba ocupando nuestro lugar. Fue excluido de Dios tal como nosotros merecíamos serlo, de modo que podamos ser bienvenidos a una relación con él. Experimentó la sed espiritual para que nuestra aridez espiritual nos lleve hasta el punto en que podamos empaparnos del agua viva que es la comunión con Dios, que satisface el alma, que todos necesitamos profundamente y que anhelamos de verdad.

¿QUÉ OFRECE JESÚS?

Esto es lo que supone recibir el agua viva de Jesús, y conduce a tres cosas.

La primera es darnos cuenta de que Dios nos conoce y nos ama.

Todos nosotros queremos ser conocidos y amados. Por eso la experiencia romántica y sexual es tan importante para nosotros. Pero a menudo en la vida nos vemos obligados a elegir entre ambas cosas: ser plenamente amados o plenamente conocidos. Es frecuente que equilibrar ambas cosas genere cierta tensión.

El riesgo al que nos enfrentamos en este mundo es que puede pasar que, cuanto más nos conozcan, menos nos quieran. Nos preocupa que si la gente nos conociera de verdad no nos querría. Y nos inquieta pensar que aquellos que más nos aman lo hacen solo porque no nos conocen a fondo. Por lo tanto, nos pasamos buena parte de la vida filtrando lo que otros ven y conocen de nosotros. Retocamos la imagen que ve la gente y la conducta de que son testigos. Vivir así puede resultar agotador.

Esto es lo que le pasó a la samaritana. Los hombres que la habían conocido más íntimamente la habían rechazado. Su propia comunidad la había marginado. Pero Jesús no lo hizo. Cuando la vio junto al pozo, no se apartó de ella disgustado o se quedó solo para criticarla. Inició una relación con ella, y si no la repudió no fue porque no la conociera lo bastante bien. Él ya conocía su historia, lo bueno y lo malo. Sin embargo, a pesar de conocerla tan profundamente, se acercó a ella con amor.

El musical *Dear Evan Hansen* se estrenó en Broadway en 2016, y obtuvo un montón de premios, e incluso lo adaptaron a una novela que fue superventas. El personaje que le da título se esfuerza por conectar con otros, de modo que (siguiendo la sugerencia de su terapeuta) se escribe a sí mismo una carta diciéndose que todo va a salir bien. Otro estudiante universitario encuentra la carta y se burla de él. Pero cuando este estudiante se quita la vida, sus padres encuentran la carta que aún llevaba encima, y dan por hecho que debió escribirla a Hansen y que los dos debieron mantener una relación profunda. De repente, Evan Hansen se vuelve famoso y todo el mundo lo quiere, porque aparentemente se hizo amigo de un alumno con problemas y fue su único apoyo. Por primera vez se descubre conectando con otros, sobre todo con la familia del difunto. Pero todo se fundamenta en una mentira, que al final acaba descubriéndose.

En un momento de desespero clave para Hansen, su madre le dice: "te quiero". Él responde: "ni siquiera me conoces. Nadie me conoce". Entonces ella dice: "te conozco y te quiero". Cuando vi el espectáculo hace unos meses, en el teatro no quedó persona sin llorar. Fue tremendamente impactante. Todos anhelamos que nos conozcan y, al mismo tiempo, nos amen profundamente.

La frase promocional del espectáculo es "Te descubrirán". Resume bien la historia de la samaritana.

Jesús la conocía. La conocía mejor de lo que ella misma se conocía; además, la amaba. Se acercó a ella; le ofreció el agua viva de su propia vida. Jesús nos conoce de la manera más plena posible, y sin embargo nos ama con la máxima intensidad.

QUÉ QUIERE JESÚS

En segundo lugar, Jesús hace esto no por cierto sentido del deber, sino movido por el profundo deseo de que le conozcamos.

Juan nos cuenta que, después de haberse alejado en busca de alimentos para el almuerzo, los discípulos de Jesús se reúnen con él. Cuando vuelven se quedan sorprendidos porque no parece que Jesús tenga hambre. Jesús les explica:

> *Yo tengo para comer una comida que comer, que vosotros no sabéis.*
>
> JUAN 4:32

Como siguen sin entenderle, añade:

> *Mi comida es que haga la voluntad del que me envió, y que acabe su obra.*
>
> JUAN 4:34

Jesús está diciendo esto cuando una multitud de samaritanos va de camino para conocerle, convencidos por la mujer samaritana. *Esta* es la obra. Muchos de ellos están a punto de creer en él (v. 39), para encontrar en él la misma agua viva y la misma satisfacción del alma que él ha ofrecido a la mujer. Por eso Jesús había sido enviado al mundo. Esa es la misión que el Padre tiene para él.

Y Jesús dice que hacer esto, derramarse en beneficio de otros, es *alimento* para él. Ese es el motivo por el que ya no piensa en su necesidad de comida. El agua viva que tiene para ofrecer no se encuentra en un pozo, y la verdadera comida no la venden en el supermercado local.

Esto es lo que siente Jesús sobre el proceso de acercarse a nosotros y llevarnos ante el Padre. Debemos hallar nuestra satisfacción en acudir a él, no en la esperanza de que se haga realidad cierto tipo de fantasía sexual o romántica. Y la satisfacción de Jesús estriba en acercarnos a Dios.

CÓMO NOS VEMOS

En tercer lugar, su amor restructura por completo el concepto que tenemos de nosotros mismos.

Después de haberle conocido, la mujer dijo: "Venid, ved a un hombre que me ha dicho todo cuanto he hecho. ¿No será este el Cristo?" (v. 29). Su encuentro con Jesús la dotó de un sentido que nunca podría haber encontrado ella sola. Ahora se veía bajo una luz distinta.

Y no fue la única. Juan, el autor del Evangelio y de este relato, también descubrió que su concepto de sí mismo se transformó al conocer a Jesús. En los pocos lugares de la narrativa en que aparece, se refiere a sí mismo como "el discípulo al que Jesús amaba". No pretende molestar a nadie, como si sugiriese que Jesús le amaba más que a los otros discípulos. Yo lo interpreto como un indicio de su sorpresa: que jamás ha logrado asimilar por completo que Jesús le ame *a él*.

Tendemos a encontrar nuestra identidad en las personas que más queremos. Por eso la sexualidad tiene un efecto tan poderoso sobre nuestra identidad. El tipo de atracciones que experimentamos, y el tipo de personas por quienes nos sentimos atraídos, constituyen fácilmente una clave (o *la* clave) para el concepto que tenemos de nosotros mismos. La identidad sexual se ha convertido en una fuerza potente en la sociedad occidental. Normalmente damos por hecho que las personas tienen un derecho fundamental a manifestar la identidad sexual que crean que mejor describe quiénes son. Hemos convertido la sexualidad en el instrumento para conocernos a nosotros mismos. Por consiguiente, la conducta sexual se ha convertido, primariamente, en un medio de autoexpresión. Restringirla equivale a impedir que alguien sea quien es.

Pero esta forma de pensar es problemática. Si lo que nos define son nuestros deseos sexuales y románticos, lo que estamos diciendo es que hemos de satisfacer esos deseos para ser plenamente nosotros; tu capacidad de ser auténtica y plenamente tú mismo o tú misma depende de que puedas disfrutar de una vida sexual y románticamente plena.

El problema de esto es que nos lleva a pensar que una vida carente de estas cosas apenas merece la pena: que quienes, por el motivo que sea, no pueden satisfacer sus deseos sexuales se pierden la única oportunidad que tienen de ser plenamente quienes son. Hemos de darnos cuenta de lo perjudicial que puede ser este mensaje para algunos. Pone el listón peligrosamente alto. Decirle a alguien que la persona con la que se acuesta es su medio primario de autoexpresión implica que una vida sexual insatisfecha no es una vida real. Este tipo de presión solo aumenta la presión emocional que sienten aquellos a quienes se anima a hacer de la sexualidad su identidad central.

Juan nos muestra una manera mejor de pensar en esto. No considera que su identidad última se encuentre en la persona a la que más ama. Fundamenta su identidad última en la persona que más le ha amado, que es Jesús.[35] A Dios le importa con quién nos acostemos porque en ese ámbito es donde hemos localizado, de una manera tan general como inútil, nuestra identidad.

Este es, por encima de todo, el amor que puede definirnos y explicarnos verdaderamente. Este es el amor más importante. Todo esto sirve para demostrar que quizá no hemos entendido el amor tanto como pensábamos, y este es el tema que abordaremos a continuación.

---

35. Doy gracias a Jojo Ruba por esta idea.

9

¿No basta con el amor?

El drama político *El ala oeste de la Casa Blanca* seguía las vidas de tres miembros del personal de la Casa Blanca. Los personajes principales son los consejeros, ayudantes y miembros del equipo de comunicaciones, personas que están cerca del presidente cada día. En un episodio concreto, el presidente está inmerso en las primeras fases para presentarse a la reelección y ocupar su cargo durante otro mandato. En el partido de la oposición surge un candidato, y un día le preguntan qué le induce a querer ser presidente. Para deleite del personal de la Casa Blanca, el candidato da una respuesta incoherente, poco convincente:

> *La razón por la que me presento es que tengo una gran fe en este país como país, y en este pueblo como pueblo que ha convertido este país en una nación con grandes recursos naturales y una población de personas, personas civilizadas.*[36]

---

36. "En silencio", *El ala oeste de la Casa Blanca*, temporada 3, episodio 7.

Pero la alegría del personal se disipa enseguida cuando uno de ellos pregunta si *ellos* tienen una buena respuesta para la misma pregunta, y empiezan a caer en la cuenta de que no la tienen, y que resulta extremadamente difícil encontrar una. Da la sensación de que la pregunta "¿por qué quiere ser presidente?" puede responderse fácilmente... hasta que intentan responderla.

Seguramente tú no has probado a responder a *esa* pregunta, así que te haga otra que te resultará más cercana: "¿qué es el amor?".

Una vez más, parece tan evidente que no nos hace falta pensar en ello. Es solo cuando nos paramos y pensamos en ello que nos damos cuenta de que no tiene nada de evidente.

LO QUE SABEMOS Y LO QUE IGNORAMOS

Sabemos tanto sobre el amor que no nos damos cuenta de lo mucho que ignoramos de él.

Sabemos que es importante. Sabemos que no podemos vivir sin él. Esto es tan intuitivo que no nos paramos a pensar por qué es tan evidente. Simplemente, lo es. Sea cual sea nuestra cosmovisión, tendencia política, credo o trasfondo cultural, todos sabemos que, en cierto sentido, la vida consiste en amar. Es lo que hace que funcione la vida. Percibimos que, sin amor, todo lo demás pierde buena parte de su sentido y de su propósito. Leemos acerca de alguna celebridad que es increíblemente rica pero que está totalmente sola, y nos damos cuenta de que la riqueza no vale la pena si ese es el precio a pagar. O vemos a individuos que tienen un éxito espectacular, pero solo porque han atropellado a muchos otros por el camino, y sentimos que hay cosas que importan más que tener éxito.

Pero aunque esto es indiscutible, hay otra cosa igual de clara: no nos resulta sencillo definir con exactitud qué *es* el amor. Sabemos que está ahí; sabemos que tiene una gran importancia; sabemos que lo necesitamos y que no fuimos diseñados para vivir sin él. Pero resulta sorprendentemente difícil concretar lo que *es* en realidad.

Esto es importante. La mayor parte de lo que pensamos del sexo se basa en la hipótesis de que todo es cuestión de amor. Cuando en nuestra cultura hay debates sobre temas como la definición del matrimonio o la creencia cristiana sobre con quién nos acostamos, los argumentos tienden a girar en torno a frases como "el amor no se puede legislar" o *hashtags* como *#Loveislove o #Equallove [#Elamoreselamor o #Amorigual]*. La idea fundamental es el amor. Si parece que estás en contra del amor, ya has perdido el debate. Y gracias a esta hipótesis de que el sexo es amor, todo lo que parece limitar la libertad sexual se critica como falto de amor.

Pero aquí estamos dando por hecho que sabemos de lo que hablamos. Y si luego se desvela que en realidad *no tenemos claro* lo que es exactamente el amor, estos argumentos no tendrán tanto peso como creíamos. De hecho, si resulta que nuestro concepto del amor demuestra ser puramente subjetivo, nuestra forma de pensar tiene muy poco fundamento. Si es importante con quién nos acostamos, necesitamos un cimiento sólido que respalde nuestra forma de pensar en ello.

En realidad estamos en un atolladero. Sabemos lo suficiente como para concluir que el amor es importante, pero no lo bastante para saber qué *es*. Desde luego, parece algo vital, pero también es escurridizo. Viene a ser un poco como seguir un viejo mapa de carreteras en el que una mancha de café ha borrado el destino al que vamos. Sabes que tienes que llegar allí, pero no exactamente dónde se encuentra.

Vamos a ver algunas de las cosas fundamentales que dice la Biblia sobre el amor.

1. El amor tiene una importancia real

Una de las secciones más famosas de la Biblia es un poema sobre el amor. Hay muchas personas que jamás han tocado una Biblia pero que lo conocen. Se ha vuelto emblemático. Barack Obama hizo referencia a una parte de él durante su discurso inaugural. Se ha usado como texto en incontables bodas. El primer ministro británico Tony Blair lo leyó durante el funeral de la princesa Diana, en 1997. Los Rolling Stones lo adaptaron, y el exitazo de Macklemore (e himno del movimiento por los derechos LGTB), *Same Love*, cita algunas de sus partes.

Así es como empieza:

> *Si yo hablase lenguas humanas y angélicas, y no tengo amor, vengo a ser como metal que resuena, o címbalo que retiñe. Y si tuviese profecía, y entendiese todos los misterios y toda ciencia, y si tuviese toda la fe, de tal manera que trasladase los montes, y no tengo amor, nada soy. Y si repartiese todos mis bienes para dar de comer a los pobres, y si entregase mi cuerpo para ser quemado, y no tengo amor, de nada me sirve.*
>
> 1 Corintios 13:1-3

El apóstol Pablo demuestra que, por muy impresionante que seas, si no tienes amor nada de eso importa. Los cristianos a los que escribe Pablo están fascinados por la posibilidad de hablar en idiomas o lenguas espirituales, así que el apóstol sube las apuestas. ¿Te imaginas que pudieras hablar las lenguas *de los ángeles*? ¿No sería asombroso?

Pero sin amor, no es nada. Es como un címbalo que repica. No es más que ruido, como la alarma de un coche que se dispara de madrugada. Sin amor, incluso una habilidad como esa carece de utilidad.

Lo mismo pasa con nuestros conocimientos. Imagina que pudieras comprender "todos los misterios y toda la ciencia". Supón que pudieras responder a todas las grandes preguntas sobre la vida. Pero, una vez más, ni siquiera todo el conocimiento contenido en la mente de alguien que no ama vale la pena. Pablo dice que eres *tú* quien no vale nada. Donde debería haber una personalidad no hay más que un espacio vacío. Puedes tener mucho y, al mismo tiempo, no ser nada. Es como si el mismo proceso de vivir una vida sin amor borrase tu esencia. ¡Toma ya!

El amor es más importante que el sacrificio. Pablo piensa en algunas de las cosas más dramáticas que podrías hacer por una causa digna. Podrías entregar todo lo que tienes, incluso tu vida. Pero Pablo dice que es posible hacer todo esto... sin amor.

Es decir, que cualquier cosa de la que hablemos (capacidades, talentos, habilidades, éxitos, progresos, sacrificios), todas y cada una de ellas, sin amor equivalen a cero. Todo menos amor es igual a nada. Así de esencial es el amor.

Una vida sin amor no es una auténtica vida.

Hasta aquí vamos bien, pero ahora la cosa empieza a complicarse un poco más.

2. No amamos tanto como pensamos

En la siguiente parte de este pasaje sobre el amor, Pablo empieza a describirlo:

> *El amor es sufrido, es benigno; el amor no tiene envidia, el amor no es jactancioso, no se envanece; no hace nada indebido, no busca lo suyo, no se irrita, no guarda rencor; no se goza de la injusticia, mas se goza de la verdad. Todo lo sufre, todo lo cree, todo lo espera, todo lo soporta.*
>
> 1 CORINTIOS 13:4-7

Pablo usa expresiones positivas y otras negativas; vemos lo que *es* el amor y lo que *no es*. A menudo las comparaciones negativas nos proporcionan fogonazos de claridad. Pablo concluye diciendo: "el amor... todo lo sufre, todo lo cree, todo lo espera, todo lo soporta". En el amor no hay nada voluble o pasajero; es coherente y confiable, no evanescente.

Es probable que no tengamos nada que objetar a estas afirmaciones breves sobre el amor. Muchas de ellas nos parecen de sentido común, o tan evidentes que en realidad no hace falta decirlas. Pero al juntarlas todas se produce un efecto acumulativo. Nos demuestra lo superficial que puede volverse nuestra manera de pensar en el amor. Pablo nos demuestra que el amor es más que mera acción, pero también es más que un simple sentimiento.

Cuando reflexionamos sobre las palabras de Pablo como un todo, empieza a revelarse algo incómodo e inevitable. En realidad no somos así. Queremos amor, lo aprobamos, lo estimamos y lo celebramos, pero no se nos da tan bien lo de ponerlo en práctica.

Te lo demostraré. Vuelve a leer estas palabras que describen el amor.

> *El amor es sufrido, es benigno; el amor no tiene envidia, el amor no es jactancioso, no se envanece; no hace nada indebido, no busca lo suyo, no se irrita, no guarda rencor; no se goza de la injusticia, mas se goza de la verdad. Todo lo sufre, todo lo cree, todo lo espera, todo lo soporta.*

Ahora cambia la palabra *amor* por tu nombre de pila, a ver cómo suena. Esto es lo que dice cuando pongo el mío:

> *Sam es sufrido, es benigno; Sam no tiene envidia, Sam no es jactancioso, no se envanece; no hace nada indebido, no busca lo suyo, no se irrita, no guarda rencor; no se*

goza de la injusticia, mas se goza de la verdad. Sam todo lo sufre, todo lo cree, todo lo espera, todo lo soporta.[37]

Sinceramente, no suena muy bien. Te prometo que cualquiera que me conozca bien se reiría mucho si escuchara estas palabras.

¿Y qué pasa contigo? ¿Suena mejor con tu nombre?

En realidad, esta es la idea central del pasaje. Pablo, siendo como es un genio travieso, no intenta inspirarnos a que nos sintamos bien con nuestra capacidad de amar. Lo que pretende es ponernos delante nuestra falta de amor.

Aquí detectamos una profunda y dolorosa ironía. Creemos en el amor, pero no amamos tanto como pensábamos. En realidad, si somos sinceros, nos falta bastante capacidad de amar.

C. S. Lewis escribió una novela de ciencia ficción en la que el personaje principal, Ransom, se encuentra con un ser angelical de otro planeta. Ransom describe el efecto que tiene sobre él ese encuentro:

Estaba seguro de que la criatura era lo que llamamos "buena", pero no estaba seguro de que me gustase tanto la "bondad" como había supuesto. Esta es una experiencia terrible. Mientras tienes miedo de cosas malas, aún conservas la esperanza de que el bien acuda a socorrerte. Pero imagina que te esfuerzas para alcanzar lo bueno y descubres que también es temible. ¿Y si la comida resultase ser la única cosa que no pudieras comer, el hogar el lugar donde te es imposible vivir, tu consolador la persona que te hace sentirte incómodo? Entonces está claro que no hay socorro posible: se ha jugado la última carta. Durante uno o dos segundos

---

37. Esta idea me la inspiró el predicador británico Dick Lucas.

estuve sumido en esa condición. Aquí, por fin, tenía una porción de ese mundo más allá del mundo, que yo siempre había supuesto que amaba y deseaba, que entraba en mi realidad y se aparecía a mis sentidos, y no me gustaba, quería que desapareciera.[38]

Lo mismo podría decirse del descubrimiento de lo que es en realidad el amor. Es precisamente lo que habíamos asumido que queríamos y nos gustaría. Sin embargo, cuando vemos el amor como es realmente, nos damos cuenta de que no nos encontramos tan a gusto con él como pensábamos que nos sentiríamos.

La idea de Pablo no es que carezcamos *del todo* de amor. A nuestro alrededor vemos actos de amor hermosos y genuinos; pero no se nos da tan bien este tema del amor como nos gusta pensar. Nuestra tendencia natural no es amar de la manera que se esperaba de nosotros. Necesitamos ayuda externa.

3. Necesitamos la ayuda de Dios

Muchos ateos utilizan un argumento frecuente y comprensible que dice que para ser buenos no necesitamos a Dios. Después de todo, estamos rodeados diariamente de ejemplos de amor y amabilidad por parte de personas de diversos trasfondos, entre las cuales figuran sin duda algunos incrédulos. Siempre que sobreviene una catástrofe, hay ejemplos de amor heroico y altruista. A nadie se le pasa por la cabeza dar por hecho que esas personas creen en Dios.

Pero si bien en la mayoría de nosotros existe una moralidad básica (algo que la propia Biblia explica), sigue siendo cierto que necesitamos ayuda para saber lo que significa amar. La Biblia fundamenta esto en una famosa declaración de solo tres palabras: "Dios es amor".

---

38. C. S. Lewis, *Perelandra* (Nueva York: Scribner, 2003), p. 17.

Así es como lo dice Juan:

Amados, amémonos unos a otros; porque el amor es de Dios. Todo aquel que ama, es nacido de Dios, y conoce a Dios. El que no ama, no ha conocido a Dios; porque Dios es amor.

1 JUAN 4:7-8

Resulta fácil malinterpretar esto. No significa que Dios tiene que aprobar todo lo que yo considero que es amor. Como veremos, nos resulta muy sencillo confundir con el amor todo tipo de sentimientos intensos e incluso perjudiciales. Dar por hecho que Dios respalda automáticamente nuestro concepto del amor supone en realidad darle la vuelta al pasaje y decir que el amor es Dios.

Lo que nos dice Juan es que Dios sabe mucho más del amor que nosotros, y que por consiguiente hemos de escucharle si queremos amarnos unos a otros lo mejor que podamos. Significa que no podemos albergar la esperanza de amar a la gente de la mejor manera sin informarnos qué aspecto debe adoptar ese proceso según Dios.

Dios sabe más sobre el amor porque, dice Juan, Dios *es* amor.

Esto no supone solo decir que a Dios se le da muy bien amar, como si todo el mundo pudiera amar pero Dios fuese superior a todos ellos. Hace unos años alguien me enseñó una versión china del juego de las damas. Descubrí que se me daba muy bien, lo que fue una sorpresa tanto para mí como para mi amigo. Pero no estamos hablando de esto cuando pensamos en Dios y en el amor. No es que el amor sea un elemento externo a Dios y, mira por dónde, a él se le da muy bien.

No, lo que afirma la Biblia es que Dios *es* amor de verdad. No es algo que surgiera en él un día, porque eso significaría que fue algo que no manifestó hasta determinado momento. Decir que Dios es amor es decir que el amor es fundamental para él. No es solo algo que *hace* (aunque lo haga muy bien), sino algo que él *es*. Nunca tuvo que provocarlo ni esforzarse por alcanzarlo; fluye por naturaleza de su corazón.

De modo que Dios es un experto en amor. Y esto significa que para saber cómo amar a otros necesitamos su ayuda.

La verdad es que la mayoría de nosotros admite que hay más de una manera de amar, y que los distintos contextos exigen diferentes tipos de amor. Piensa en las siguientes afirmaciones:

- Amo a mi madre.
- Amo a mi pareja.
- Amo a mi perro.
- Amo las salchichas.

Cada una de ellas usa la misma palabra, pero instintivamente la comprendemos de diversas maneras, adecuadas para su objeto. En cada caso hay amor, pero son amores distintos. De hecho, diríamos que son *necesariamente* distintos. El amor por el cónyuge debería ser muy distinto al que se siente por un padre o una madre, y el amor por un progenitor debe ser muy diferente al que se siente por una mascota. Esto ya lo sabemos; y la gente que no lo sabe normalmente acaba siendo el tema de algún documental.

En otras palabras, no se pude usar el eslogan *#Elamoreselamor* para justificar una relación concreta. Hay distintos tipos de amor, y amar bien en una circunstancia dada conlleva ordenar adecuadamente esos amores. Los combinamos o los confundimos por nuestra cuenta y riesgo.

Hay momentos en que tenemos esto muy claro. Puede que nos demos cuenta de que un tipo de amor está convirtiéndose en otro menos apropiado. Lo que pretendía ser solo una amistad empieza a transformarse en una relación más romántica. O sentimos que nos estamos volviendo indebidamente dependientes de un progenitor, hasta el punto de que es patológico. O vemos que alguien pretende tener calor "humano" con una mascota. Por eso necesitamos la ayuda de Dios. Él nos demostrará qué aspecto debe tener el amor en cada uno de los contextos y de las situaciones.

Y lo que él nos muestre será siempre más amoroso que cualquier otra alternativa que se nos pueda ocurrir. La obediencia a Dios nunca nos inducirá a amar menos a las personas. Quizá en ocasiones nos parezca que sí, pero es probablemente porque queremos amar a alguien de forma inadecuada, y no es exactamente que Dios nos llame a amarlo *menos*, sino a amarlo *de otra manera*, que al final significará amarle *más*.

UN AMOR MANCHADO

En la Biblia hallamos una ilustración inquietante de esta situación. En 2 Samuel 13 leemos un relato espantoso, cuando a Tamar la viola su medio hermano Amnón. Al principio de la historia, Amnón confiesa a un amigo: "Yo amo a Tamar la hermana de Absalón mi hermano" (v. 4). El lenguaje es muy revelador. Dice que la ama, pero los acontecimientos posteriores contradicen de plano esta afirmación. Se las arregla para que los dos se encuentren a solas en su cuarto. La invita a acostarse con él, pero cuando ella se niega, la fuerza y la viola. Inmediatamente después se siente invadido de odio hacia ella, y ordena a un criado: "échame a esta fuera de aquí". Después de haberla tenido, ahora le repugna. La ha cosificado por completo, y ahora tiene que librarse de ella.

La historia comenzó con un Amnón que declaraba su amor por Tamar, pero si realmente la hubiese amado, este episodio tan grotesco nunca se habría producido. Sin duda albergaba sentimientos intensos hacia ella; estaba obsesionado, pero no era el amor lo que le impulsaba.

Este es un ejemplo extremadamente desagradable, pero establece una idea clave. Nuestros sentimientos pueden ser una guía desastrosa hacia lo que es la conducta amorosa. En cierta ocasión, C. S. Lewis escribió que "el amor se convierte en un demonio en el mismo momento en que empieza a ser un dios". Y explica:

> *Todo amor humano, en su punto álgido, tiene la tendencia a adoptar una autoridad divina. Su voz tiende a sonar como si fuera la voluntad del propio Dios. Nos dice que no calculemos el precio, exige de nosotros una entrega total, intenta imponerse a toda otra pretensión e insinúa que cualquier acto realizado "por amor" es por consiguiente legítimo e incluso meritorio.*[39]

Es evidente que lo que Amnón interpretaba como amor lo sentía como una autoridad divina. Es por esto que para caminar necesitamos mucho más que nuestros sentimientos.

La Biblia sostiene que hay muchas ocasiones en las que no deberíamos acostarnos con nadie. Pongamos el caso de un hermano y una hermana biológicos que han empezado a darse cuenta de que se sienten atraídos románticamente el uno por el otro. La Biblia deja claro que este contexto no sería el adecuado para mantener ningún tipo de relación sexual o romántica. Pero esto no es lo mismo que decir que no puedan quererse; solo significa que el modo en que *quieren* amarse no obedece a cómo han sido *diseñados* para hacerlo. Si en este caso obedecen a Dios, acabarán queriéndose mucho mejor que si dieran rienda suelta a sus deseos románticos.

Esto es lo que siempre pasa con Dios. Sus restricciones sobre cuándo es adecuado el contacto sexual con alguien se basan siempre en lo que acabará siendo mejor para las personas involucradas. Eso quiere decir que habrá momentos

---

39. C. S. Lewis, *The Four Loves* (HarperCollins, 2002), pp. 7-8.

en los que, para poder amar mejor a alguien, tendremos que oponernos a algunas de las maneras en que deseamos expresar amor por otros.

En un momento u otro todos pasaremos por esto. Prácticamente todos nos sentiremos atraídos por personas con las que Dios dice que no deberíamos acostarnos. Todos nosotros tenemos que decir que no a determinados deseos románticos y sexuales. No es porque estemos en contra del amor, sino precisamente a su favor, en el sentido positivo.

Es justamente en estos momentos de tensión cuando tendemos a preguntarnos si Dios realmente sabe de qué habla. De nuevo, el apóstol Juan puede ayudarnos. Unos pocos versículos antes de decir que Dios es amor escribió:

> *En esto hemos conocido el amor, en que él puso su vida por nosotros.*
>
> 1 JUAN 3:16

¿Quieres una prueba de que realmente Dios es amor? Entonces contempla la muerte de Jesús. En serio. Cuando la entiendas, te darás cuenta de que nunca ha habido ni nunca habrá una expresión de amor mayor que esa.

Hay otra manera en la que Dios nos ayuda a amarnos unos a otros.

En cierta ocasión preguntaron a Jesús cuál de los mandamientos del Antiguo Testamento era el más importante. Los judíos habían calculado que en el Antiguo Testamento había más de 600 mandamientos individuales. Es decir, que la pregunta podía ser una forma de descubrir cuál de ellos tenían más relevancia. ¿Cuál es la esencia del Testamento?

Esta es la respuesta de Jesús:

> *Jesús le respondió: El primer mandamiento de todos es: Oye, Israel; el Señor nuestro Dios, el Señor uno es. Y amarás al Señor tu Dios con todo tu corazón, y con*

toda tu alma, y con toda tu mente y con todas tus fuer-
zas. Este es el principal mandamiento. Y el segundo es
semejante: Amarás a tu prójimo como a ti mismo. No
hay otro mandamiento mayor que éstos.

MARCOS 12:29-31

Las dos partes de la respuesta de Jesús son citas del Antiguo Testamento. No es que Jesús esté señalando estos dos mandamientos como favoritos particulares, como diciendo que encarnan toda la ley. Los mandamientos de Dios no son solo requisitos aleatorios y esporádicos, carentes de relación entre sí. Se fusionan e integran adoptando una forma concreta. Son una sola pieza; como Dios, también ellos "son uno". Jesús resume esta forma en los dos mandamientos que cita.

Ambos son mandamientos para amar: a Dios, con todo lo que tenemos, y a nuestro prójimo como nos amamos a nosotros mismos. Una vez más, Dios se centra en el amor; eso es lo que quiere de nosotros. Estamos diseñados para vivir vidas de amor. La realidad última no se fundamenta en el frío sometimiento a una deidad autoritaria, sino en una respuesta sincera al Dios que quiere que el latido de este universo sea el amor.

Pero esto supone entender que estas dos dimensiones del amor van juntas. Se refuerzan, se contrastan y dependen la una de la otra. No tiran de nosotros en direcciones distintas; siguen el mismo rumbo.

Esto significa que no podemos defender con coherencia amar a otros mientras dejamos de lado a Dios. Tampoco podemos decir que amamos a Dios si nos da igual cómo tratamos a otros. Lo que hagamos con otros seres humanos se lo hacemos a la imagen del propio Dios. Si maltratamos a alguien, maltratamos la imagen de Dios. Por eso todas las ofensas contra otras personas son, de hecho, ofensas contra Dios.

Pero lo contrario también es cierto y supone un reto igual de grande. Nuestros intentos de amar a otros siempre se verán obstaculizados si no tenemos relación con el Dios que los creó. No podemos alcanzar el éxito pleno en nuestro amor por el prójimo si no amamos a Dios. El resumen que hace Jesús de la ley es doble, porque estos dos elementos van juntos. No podemos tener uno sin el otro.

4. A veces el amor tiene que esperar

Cantar de los Cantares, un libro del Antiguo Testamento, es una serie de conversaciones poéticas entre dos jóvenes amantes. Vemos cómo se descubren, se van conociendo, se enamoran, y finalmente se casan y disfrutan de la emoción de su consumación sexual. A alguno puede sorprenderle que en la Biblia figure este tipo de literatura. De hecho, forma parte de lo que se llama "literatura sapiencial" contenida en el Antiguo Testamento. Va destinado a ser instructivo, no excitante. Mediante ese libro debemos aprender acerca del amor y del deseo.

Una de estas lecciones figura al principio del libro. Este comienza cuando la mujer desea que su joven amante la bese en los labios. La mano de él está bajo la cabeza de ella, y se abrazan (Cnt. 2:6). Justo cuando parece que la cosa se va calentando, adopta (para nosotros) un giro inesperado. La mujer hace un juramento ante sus amigas y la comunidad:

> *Yo os conjuro, oh doncellas de Jerusalén,*
> *Por los corzos y por las ciervas del campo,*
> *Que no despertéis ni hagáis velar al amor,*
> *Hasta que quiera.*
>
> CANTARES 2:7

Se nos ofrece la imagen de un corzo y una cierva, dos animales conocidos por su belleza y su fertilidad, y que por lo tanto se asocian con la actividad sexual.[40] Aunque es una imagen válida para describir hacia dónde parece que van las cosas con esta pareja, ella hace una advertencia a sus amigas. En lo tocante al amor, existe un elemento esencial que es el momento justo: no debemos encender o despertar al amor "hasta que quiera".

De nuevo las imágenes son significativas. El amor es algo que puede encenderse o despertarse, y es algo que debe suceder en el momento correcto, lo cual significa que también es muy posible que se encienda en el momento equivocado.

Esto parece muy ajeno a nuestra forma de pensar típica. En general, en el mundo occidental tendemos a fomentar la gratificación sexual. Todo está diseñado para activar e inducir los sentimientos románticos y sexuales con la mayor rapidez posible. Se nos exhorta a que no esperemos en absoluto.

Pero la advertencia de esta mujer es vital. Implica que, una vez despierto, el amor romántico o sexual puede ser difícil de contener o de controlar. Este deseo contiene algo que debemos tratar con suma prudencia. Tendemos a pensar que podemos conectarlo y desconectarlo a voluntad, pero esta sabiduría antigua afirma lo contrario. El deseo sexual va destinado a producir algo que es irreversible. Hay una buena razón para que sea tan poderoso: Dios nos lo ha dado para unir a dos personas en el nivel más profundo, de un modo que se supone que no debe deshacerse. Si no es el momento idóneo, no debemos iniciar el proceso.

DESPIERTA Y HUELE EL AROMA DEL CAFÉ (QUEMADO)

Durante varios años trabajé en una cafetería chapada a la antigua, un negocio dirigido por una familia. Una de mis

---

40. Philip Ryken, *Song of Songs* (Crossway, 2019), p. 54.

tareas era tostar los granos de café. Almacenábamos un par de docenas de variedades de café, y muchos de esos tipos de grano tenían que tostarse de distinta manera. La mayoría se podían tostar sin estar muy pendiente del proceso, pero había una variedad en concreto (los granos Robusta de Indonesia, si recuerdo bien) que requerían una atención constante. Había un momento muy preciso en que estaban listos, y si se dejaban uno o dos minutos más, a menudo se prendían fuego, y toda la partida acababa en llamas.

El momento justo importa. Tuesta granos de café Robusta demasiado tiempo y puedes arruinarlo todo. Despierta el amor demasiado pronto y tendrá el mismo efecto. Lo que debe ser profundamente placentero se vuelve tremendamente destructivo, y nos sumimos en un gran sufrimiento y dolor de corazón. La intimidad sexual es preciosa. Hay que compartirla con la persona correcta en el momento oportuno. La persona incorrecta en el momento erróneo, o incluso la persona idónea en un momento que no lo es, puede ser desastrosa.

Resulta fácil rechazar el concepto cristiano de la sexualidad diciendo que se opone al amor, pero esta también es una manera de pensar muy superficial. El amor es demasiado importante como para encasillarlo en lemas simplistas. Es importante, y por lo tanto, debemos comprenderlo. La gente es importante, de modo que hemos de aprender cómo amarnos correctamente unos a otros; y la mejor manera de hacerlo es seguir las palabras de ese Dios que es amor en sí mismo.

A Dios le importa con quién nos acostamos porque le importa que nos amemos bien, y eso puede suponer amar de una manera distinta a como nos sentimos. Pero esto aún tiene otra capa. A Dios también le importa que conozcamos *Su* amor. Del mismo modo que nuestro amor por otros está vinculado a nuestro amor por Él, la sexualidad humana está diseñada para relacionarse con el amor de Dios por nosotros. De hecho, pretende ser un señalizador que conduce a él.

10

En serio, ¿por qué le importa esto a Dios? La historia de fondo

No suele pasar que un acontecimiento con una repercusión mundial suceda a ocho kilómetros de mi casa. Puede que para los habitantes de Londres o Washington, D. C. esto sea algo habitual, pero yo vivo en una ciudad bastante desconocida. Algunas de las personas que viven aquí nunca han oído hablar de ella. Pero la ciudad que tenemos más cerca es bastante más famosa: Windsor.

No hace falta decir que la boda del príncipe Harry con Meghan Markle en los terrenos del castillo de Windsor fue un evento sonado. En aquella época yo estaba en Estados Unidos, arreglándomelas para perderme toda la acción que tenía lugar en mi barrio; pero los medios de comunicación mundiales cubrieron la boda. En Estados Unidos la gente se levantaba temprano para celebrar fiestas de visualización de la boda real, copas de champán incluidas... a las seis de la mañana.

UNA BODA DE CUENTO DE HADAS

Aquel día todo parecía un cuento de hadas: el sol brillaba radiante; el castillo de Windsor ofrecía un telón de fondo emblemático. La realeza estaba por todas partes, y no solo la británica: el lugar rebosaba de aristócratas del ocio mientras no dejaban de llegar y ocupar su lugar los VIP de Hollywood y las estrellas mundiales del rock. La propia novia era una deslumbrante estrella de Hollywood, de modo que en este caso se dieron la mano la realeza de las celebridades y la otra realeza, de linaje y tradicional. Hollywood ya formaba parte oficialmente de la monarquía británica.

Mientras veía la boda a algo más de 6500 km de distancia, me llamó la atención ver que a los británicos estas cosas se nos dan estupendamente. Ya no tenemos un imperio del que jactarnos. Cuando la reina confiere algún honor a sus súbditos más dignos, se les dan títulos como "comandante del Imperio británico" y "señor del Imperio británico", que suenan muy bien hasta que uno recuerda que nuestro imperio es poco más que un pequeño rebaño disperso por el Atlántico sur. No somos el líder mundial que fuimos en otro tiempo.

Pero en lo que respecta a la pompa, sabemos lo que hacemos. Ceremonias, desfiles, fanfarrias de instrumentos de metal, votos solemnes, clérigos de largas túnicas, impresionantes vestidos de gala, pechos henchidos para acomodar hileras de medallas, aviones que surcan los cielos… todo funciona a la perfección y en el momento preciso. Esto es lo que *hacemos* los británicos. No es de extrañar que en la televisión mundial sea un gran espectáculo.

Pero lo que hizo tan llamativa esa ocasión fue la embriagadora combinación de realeza *y romance*. Un príncipe glamuroso que parecía haber encontrado el amor de su vida: su igual y su contrapartida en todas las facetas que importan.

Añadamos unos carruajes tirados por caballos, unas cuantas coronas y a George Clooney, y todo el planeta presta atención. Parece que cautiva nuestra imaginación como no lo hace nada más.

¿POR QUÉ HAS TARDADO TANTO?

Nos parece lógico que dos personas que parecen estar hechas la una para la otra al final acaben juntas. A menudo los asistentes a una boda azuzan a la pareja diciéndoles "¿por qué habéis tardado tanto?". Casi parece que fuera un tema urgente. En palabras de otro Harry, el protagonista romántico de *Cuando Harry encontró a Sally*: "He venido esta noche porque me he dado cuenta de que quiero pasar el resto de mi vida con alguien. Y quiero que el resto de mi vida empiece ya".[41] Aquí detectamos algo tan elemental, tan profundamente correcto, que no nos atrevemos a esperar más tiempo. Un guion que llevamos en lo más profundo de nuestro ser nos dice que es un suceso que tiene una importancia suprema. Hablamos de la realización romántica con un lenguaje cuasi apocalíptico. Parafraseando a *Jerry Maguire*, andamos buscando a la persona que nos complete.

En los grandes relatos románticos, el gran final feliz es siempre el momento en que la pareja se reúne. Harry se da cuenta de que está realmente enamorado de Sally y descubre que ella siente lo mismo. O cuando la pareja que siempre está que sí o que no acaba decidiendo que *sí*. O cuando el chico o la chica que aparentemente nunca ha tenido suerte en el amor encuentra por fin a la persona con quien la tiene.

Este es el tipo de historia que hemos visto, leído y escuchado miles de veces. Pero en todas estas historias subyace el

---

41. *Cuando Harry encontró a Sally*, 1989.

supuesto de que la verdadera historia acaba cuando se juntan los dos miembros de la pareja. Ese instante de descubrimiento mutuo, o cuando por fin han recorrido juntos el pasillo de la iglesia, es cuando la cámara se va alejando de ellos y la historia llega a su fin. Lo único que necesitamos saber es que se han encontrado el uno al otro. La parte interesante es el viaje; una vez llegan a su destino, ya podemos dejarlos, y nos alegra saber que han conseguido llegar hasta allí.

Pero la cuestión es que incluso los soñadores más románticos entre nosotros saben que las cosas no son tan sencillas. Una vez los enamorados se juntan, no hay un "felices para siempre" automático. Las historias que nos han contado desde el pasado más remoto nos dicen que sí lo hay, pero la vida en el mundo real nos dice otra cosa. Incluso las parejas románticas de mayor éxito tienen que luchar por su relación. Hay momentos difíciles, hay tensiones y luchas, se derraman lágrimas amargas.

Cuando yo era pequeño, el aniversario de mis bisabuelos salió en el periódico local. Llevaban casados más de 75 años. Hoy día semejantes hitos son incluso más infrecuentes. No esperamos que el romance y el matrimonio duren tanto. Estamos rodeados de divorcios y de rupturas.

Sin embargo, una parte de nosotros sigue emocionándose cuando se reúnen dos enamorados. Parece representar una promesa que remueve algo en todos nosotros, casados o no, con una relación feliz o no. A pesar de todas las realidades de la vida que vemos a nuestro alrededor, nos cuesta desechar el concepto de que ahí fuera hay un amor que puede arreglarlo todo… incluso a nosotros. Así que, aunque se trate del matrimonio de otros, en nuestro interior aún puede nacer esta esperanza. Sabemos que la vida real no funciona así, pero en algún lugar en lo más hondo de nuestro ser no podemos abandonar la idea de que es algo *que debe* suceder.

UN ROMANCE GALÁCTICO

La fe cristiana tiene una explicación muy sencilla para esto. La historia del universo (de quién es Dios y qué hace en este mundo) es, en realidad, un romance.

Es cierto que no es así como se ha expuesto con frecuencia. Si has tenido relación con el cristianismo, a lo mejor te ha dado la sensación de que el mensaje dice que todos necesitamos ser más religiosos, éticos o espirituales, y nada de esto parece el fundamento para una película de Nora Ephron o Nicholas Sparks.

Pero el cristianismo no va de esto. Este es un marco equivocado, porque cuando Jesús entró en el escenario del siglo I, una de las primeras maneras en que se describió a sí mismo fue usando una imagen muy sorprendente.

EL NOVIO

> *Y los discípulos de Juan y los de los fariseos ayunaban; y vinieron, y le dijeron: ¿Por qué los discípulos de Juan y los de los fariseos ayunan, y tus discípulos no ayunan? Jesús les dijo: ¿Acaso pueden los que están de bodas ayunar mientras está con ellos el esposo? Entre tanto que tienen consigo al esposo, no pueden ayunar. Pero vendrán días cuando el esposo les será quitado, y entonces en aquellos días ayunarán.*
>
> MARCOS 2:18-20

Jesús imagina dos tipos de boda: una en la que el novio está felizmente presente y otra en la que al novio se lo ha llevado alguien. En la primera, la presencia del novio es la causa de la celebración. Cuando estamos en una recepción nupcial, no solo es correcto comer y beber, sino también disfrutar haciéndolo. Es el momento en que nos olvidamos de la dieta que estábamos haciendo y comemos el tipo y la cantidad de comida que no sería típica a las cuatro de la tarde de un sábado. Se están *casando*: no es el momento de abstenerse o de estar abatidos. De hecho, eso sería de mala educación. Nuestros anfitriones y la pareja *quieren* que festejemos.

El segundo tipo de escena nupcial que describe Jesús es aquella en el que el novio ha sido arrebatado a la fuerza de la fiesta de bodas. Nos resulta difícil imaginar algo así; parece más una película extravagante que algo que imaginemos que pueda suceder de verdad. Pero aun así podemos imaginar la escena. Unos asaltantes desconocidos irrumpen en la boda y se llevan al novio a punta de pistola, metiéndolo en un vehículo que parte entre chirridos de neumáticos. La fiesta de bodas ha acabado; el novio ya no está. Lo que no harás es hacer una pausa y decir: "¿Y esto? Bueno, da igual, ¡a comer todo el mundo!", y seguir atiborrándote. Ahora no es el momento. Empezar a atiborrarse de nuevo sería de lo más ofensivo. Se han llevado a aquel que era el centro de la celebración.

En el mundo antiguo, el ayuno no era tanto una actividad médica como espiritual. Cuando alguien está profundamente atribulado pierde el apetito. Cuando vivimos en el desespero y el dolor profundo, nos cuesta comer. Lo mismo pasa con el sufrimiento espiritual. En el Antiguo Testamento, cuando alguien era especialmente consciente de cómo se había alejado del Dios que le amaba, era correcto que expresara su remordimiento mediante el ayuno. En la época de Jesús se había convertido en una disciplina espiritual habitual. Había momentos regularmente programados en los que se esperaba que las personas reflexionasen sobre sus pecados y se lamentasen como era debido. Esto explica la sorpresa en este pasaje, cuando los amigos de Jesús no ayunaban como otras personas.

Jesús dejó claro en su respuesta que no ayunaban como era habitual porque aquel momento concreto de la historia no era normal. Jesús dice: "Estáis en medio de un banquete de bodas. No es momento para estar tristes. Hay que alzar las copas y llenar los platos".

El motivo implícito de esto es muy claro. Jesús, el novio, está aquí. El arrebatamiento violento del novio será motivo para ayunar; Jesús apunta así a lo que sabía que iba a sucederle en un futuro cercano. Pero ahora, mientras está con ellos, deben regocijarse y celebrar.

Es tremendamente significativo que Jesús se identificase de esta manera. No fue un comentario aleatorio ni arbitrario. En realidad, Jesús se insertaba en una historia mucho más amplia con la que sus contemporáneos estarían familiarizados. Como veremos a continuación, esta idea de un novio espiritual que viniese al pueblo de Dios tenía un famoso trasfondo.

11
En serio, ¿por qué le importa esto a Dios? Una historia mejor

Yo crecí bastante obsesionado con las películas originales de *Star Wars*. Para mí y mis amigos era motivo de orgullo que nos supiéramos prácticamente de memoria todos los guiones. Era nuestro idioma vernáculo propio. Si estando en el colegio pasaba a nuestro lado un profesor amenazante, uno de nosotros solo tenía que hacer en voz baja el sonido de una respiración profunda y metálica y el resto captaba enseguida la referencia: que el profesor recordaba a cierto Lord Sith. Si uno no conocía *Star Wars* no lo entendería, pero para nosotros, que sí conocíamos las películas, incluso medio segundo de ese efecto de sonido nos indicaba que era una referencia a ellas.

Muchos de los contemporáneos de Jesús conocían las Escrituras judías como yo conozco *Star Wars*. Eran el guion con el que se habían criado, y se habían aprendido de memoria muchos pasajes. Era su argot. Es decir, que para sus oyentes originarios, el hecho de que Jesús dejase caer referencias diciendo que él era "el novio" tendría grandes connotaciones. Jesús no estaba diciendo: "Soy parecido a un novio; la gente tendría que festejar mientras estoy con ellos"; lo que dijo fue "Yo soy el novio", y todo el mundo entendió lo que quería decir.

El novio es un término que tiene su historia.

En realidad, se le hace una referencia en la primera frase de la Biblia:

> *En el principio creó Dios los cielos y la tierra.*
>
> GÉNESIS 1:1

En esta breve frase hay mucho material: el universo no es un accidente; hubo un principio, y antes de ese inicio hubo un Dios que nos dio la existencia porque así lo quiso. Pero entretejida en ella con gran sutileza vemos una pista sobre cuál será el tema central de esta historia. El hebreo antiguo (en el que se escribió el Antiguo Testamento) se parecía a muchos otros idiomas en el sentido de que daba género a cada sustantivo. "Cielo" es masculino y "tierra" es femenino.[42] La Biblia comienza con esta "pareja", y nuestra expectativa es que el uno fue hecho para el otro. A medida que progresa el relato de la Creación, pronto encontramos otra pareja: el hombre y la mujer (Gn. 1:27). Ambos también se complementan, y en el capítulo siguiente las dos primeras personas que aparecen en la Biblia (Adán y Eva) *se juntan.* Y esa unión se convierte en un presagio del matrimonio eventual e inevitable entre cielo y tierra. De esto es de lo que tratará toda la Biblia.

A medida que avanza el Antiguo Testamento, vemos que la relación que Dios pretende tener con su pueblo es la del matrimonio. Se presenta no solo como el superpoder en el cielo al que deben someterse todos, sino como un novio que

---

42. Glen Scrivener, *Love Story: The Myth that Really Happened* (10 Publishing, 2017), p. 10.

ha venido a cortejar a un pueblo para sí. Su pueblo no es solo una base de fans o de subalternos; son su *esposa*, aunque un tanto indigna de confianza y bastante infiel.

Esta idea va apareciendo por todo el Antiguo Testamento, pero hay determinados pasajes que hablan de ella explícitamente y que reflexionan sobre ella.

UNA BODA DIVINA

El salmo 45 es un ejemplo de esto. Describe una gloriosa boda real, incluso mejor que la de Harry y Meghan. Tenemos al novio más glorioso:

> *Eres el más hermoso de los hijos de los hombres; la gracia se derramó en tus labios; por tanto, Dios te ha bendecido para siempre. Ciñe tu espada sobre el muslo, oh valiente, con tu gloria y con tu majestad…Has amado la justicia y aborrecido la maldad; por tanto, te ungió Dios, el Dios tuyo, con óleo de alegría más que a tus compañeros.*
>
> SALMOS 45:2-3, 7

Este novio está lleno de gracia y de poder, es justo y alegre. No es de extrañar que Dios le haya ungido y elegido. También la novia es espectacular:

> *Y deseará el rey tu hermosura… Implorarán tu favor los ricos del pueblo. Toda gloriosa es la hija del rey en su morada; de brocado de oro es su vestido. Con vestidos bordados será llevada al rey; vírgenes irán en pos de ella, compañeras suyas serán traídas a ti. Serán traídas con alegría y gozo; entrarán en el palacio del rey.*
>
> SALMOS 45:11-15

Esta es la pareja perfecta, y será una unión sensacional. El salmo cuenta que tendrá una familia que perdurará durante generaciones, y será celebrada por todo el mundo (v. 17).

Pero hay un giro imprevisto, y tiene que ver con el novio. En él hay más cosas de las que percibimos, no en un sentido escandaloso sino maravilloso. El escritor del salmo describe de qué manera Dios ha bendecido generosamente a este hombre:

Tu trono, oh Dios, es eterno y para siempre; cetro de justicia es el cetro de tu reino. Has amado la justicia y aborrecido la maldad; por tanto, te ungió Dios, el Dios tuyo, con óleo de alegría más que a tus compañeros.

SALMOS 45:6-7

El carácter de este hombre es tal que Dios le ha mostrado un gran favor. Ha manifestado su integridad moral, y Dios le ha bendecido. El novio parece alguien increíble. Quizá demasiado...

Porque entonces el escritor interpela al novio de una forma sorprendente:

Tu trono, oh Dios, es eterno y para siempre.

SALMOS 45:6

Este novio real es (1) aquel a quien Dios bendice y (2) el propio Dios eterno. Que se pueda identificar con Dios y al mismo tiempo ser el receptor de las bendiciones divina refleja lo que hemos visto anteriormente: que Dios es tres Personas que mantienen una relación de amor.

Pero la idea principal que debemos captar es que este novio no es solo de la realeza (como si eso no fuera ya bastante), sino también divino. Dios es un novio, y la novia de este salmo es, en realidad, una imagen de su pueblo.

Veamos algunos ejemplos parecidos:

Porque tu marido es tu Hacedor; Jehová de los ejércitos es su nombre; y tu Redentor, el Santo de Israel; Dios de toda la tierra será llamado. ISAÍAS 54:5

Como el gozo del esposo con la esposa, así se gozará contigo el Dios tuyo.   ISAÍAS 62:5

Y te desposaré conmigo para siempre; te desposaré conmigo en justicia, juicio, benignidad y misericordia. Y te desposaré conmigo en fidelidad, y conocerás a Jehová.
                                                            OSEAS 2:19-20

Te di juramento y entré en pacto contigo, dice Jehová el Señor, y fuiste mía.   EZEQUIEL 16:8

Dios es el novio; su pueblo es la esposa. Una de las grandes frases reiteradas en la Biblia es "y vosotros seréis mi pueblo, y yo seré vuestro Dios". Este es el lenguaje de la pertenencia mutua, del amor por pacto.

Frente a este telón de fondo queda claro lo que quiere decir Jesús cuando se refiere a sí mismo como "el novio". No afirma ser *como* un novio, en cierto sentido, sino que es el novio *por antonomasia*. Afirma que es el Dios creador del pacto, que ha prometido hacer un pueblo para sí y entregarse a ellos como un marido se entrega a su esposa.

Esta trayectoria continúa también en el Nuevo Testamento. Las cartas que constituyen buena parte de este siguen hablando a sus lectores de cómo Jesús es el novio de su pueblo. Por ejemplo, el apóstol Pablo puede decir:

Porque dice: Los dos serán una sola carne. Pero el que se une al Señor, un espíritu es con él.
                                                    1 CORINTIOS 6:16-17

En Génesis 2 ya hemos encontrado la expresión "y los dos serán una sola carne". Pablo está diciendo que igual que el marido y la esposa se unen en una sola carne, Jesús y quienes creen en él son un solo espíritu.

Pablo expresa esto explícitamente en un pasaje dirigido a maridos y esposas:

> *Por esto dejará el hombre a su padre y a su madre, y se unirá a su mujer, y los dos serán una sola carne. Grande es este misterio; mas yo digo esto respecto de Cristo y de la iglesia.*
>
> EFESIOS 5:31-32

SEÑALANDO LA RUTA

La semana pasada tuve ocasión de hacer senderismo por una de mis montañas favoritas de Inglaterra, acompañado de dos amigos estadounidenses. De vez en cuando nos encontrábamos con un montón de piedras apiladas a un lado del sendero, así que les expliqué que se trataba de *cairns*, indicadores destinados a señalar la ruta cuando hay poca visibilidad o cuando la nieve cubre el camino.

Esto es lo que son para nosotros los pasajes como este: indicadores que nos recuerdan en qué consiste en última instancia la realidad, y hacia dónde se dirige en definitiva la historia.

El final de la Biblia también habla en estos términos. Usando un lenguaje muy figurativo, el libro de Apocalipsis describe el banquete de bodas final de Dios y su pueblo, del Cordero (Jesús) y su esposa:

> *Gocémonos y alegrémonos y démosle gloria; porque han llegado las bodas del Cordero, y su esposa se ha preparado. Y a ella se le ha concedido que se vista de lino fino, limpio y resplandeciente.*
>
> APOCALIPSIS 19:7-8

Lo creas o no, así es como la Biblia describe el fin del mundo: como la tan anticipada boda de Dios y su esposa. La Biblia entera es un romance.

LOS SÍMBOLOS DEL MATRIMONIO

En realidad, este concepto ha tenido un profundo impacto en la manera en que solemos celebrar las bodas en Occidente. Muchas de las cosas que asociamos con una ceremonia de boda tradicional se crearon para garantizar que nuestras bodas terrenales reflejasen la boda celestial que se describe en la Biblia. Aquí tienes algunos ejemplos.[43]

- *El novio llega el primero, y espera que acuda su esposa.* Él ya la ha conquistado, y ahora tiene todo listo de antemano, de modo que lo único que tiene que hacer ella es llegar.
- *La llegada de la novia es importante… intencionadamente.* Todo el mundo se asegura de estar allí y de estar listo para no perderse este momento. Cuando ella entra, todo el mundo la mira. Nadie mira al novio. La novia está radiante; su vestido es blanco e impoluto; tiene un aspecto magnífico.
- *Es presentada al novio como su novia.* Intercambian votos para toda la vida, exclusivos y basados en un pacto. Intercambian anillos como símbolo de esas promesas, y se formula una declaración legal indicando que ahora están casados.
- *Lo que es de ella pasa a ser de él, y lo de él, de ella.* Todo lo que tiene cada miembro pertenece al otro. En muchos casos ella adopta el apellido de él.
- *Más tarde, físicamente, consumarán su matrimonio.*

Esta coreografía es deliberada. En cada paso refleja algún elemento de la relación que tiene Jesús con su pueblo.

- Jesús es el que se ha adelantado para prepararlo todo en el cielo, disponiéndolo para nosotros.

---

43. Para ver un vídeo breve y excelente sobre el tema, ver vimeo.com/213704872 (consultada el 1 de octubre de 2019).

- Su muerte y su resurrección por nosotros borran todos nuestros pecados, de modo que podamos ser presentados hermosos y sin mancha.

- Somos entregados a él, y entramos en una relación eterna, exclusiva y por pacto con él. Está comprometido con nosotros, y nosotros con él, olvidando a cualquier otro.

- Nuestra unión es legal. Lo que le pertenece ahora es nuestro. Recibimos su justicia perfecta. Lo que es nuestro le pertenece; toma nuestras imperfecciones y nuestro pecado.

- Ahora adoptamos su nombre. Somos identificados como seguidores de Cristo. Esa es nuestra nueva identidad.

De modo que para los cristianos el matrimonio tiene un propósito y redunda en beneficio para el marido y la mujer, pero también tiene el propósito más amplio y el beneficio público de ser una sombra y un presagio de lo que Dios ofrece a todo el mundo en Jesús.

Dios nos ha otorgado toda esta dimensión en la vida, haciendo de nosotros criaturas sexuales y dándonos este instinto que nos impulsa hacia una relación de por vida, precisamente para revelarnos la realidad más grande y profunda de su amor por nosotros en Cristo basado en un pacto. Esta dimensión de la vida, como todas las demás, se ha visto distorsionada y mermada porque nos hemos apartado de Dios. Nuestros sentimientos sexuales están desordenados y a menudo son inadecuados; no cumplimos nuestras promesas; hacemos que el sexo consista en satisfacer nuestros apetitos. Pero la forma básica sigue ahí. Nuestra sexualidad está destinada a encaminarnos hacia ese anhelo más profundo, esa satisfacción más plena y esa consumación más grande que se desprenden de conocer a Jesús.

Al ser así, es fácil entender cómo podemos confundir el matrimonio y la plenitud romántica con la realidad hacia la que pretenden dirigirnos. Percibimos que aquí hay algo más grande y profundo por descubrir; pero, en lugar de entenderlo como una señal de algo mayor, lo confundimos con la propia realidad.

UN ERROR DE IDENTIDAD

En la película *Amadeus* hay una escena en la que el joven Mozart se reúne por primera vez con el emperador José II. Cuando entra en la sala, se encuentra con un hombre ataviado con una lujosa vestimenta y con aspecto de ser muy importante, de modo que Mozart, instintivamente, hace una profunda reverencia creyendo que se trata del emperador. El hombre pone cara de susto y señala discretamente hacia un lado del salón, donde el *verdadero* emperador está sentado al piano. El momento en el que Mozart se da cuenta de lo que ha hecho resulta incómodo, y rápidamente se dirige a saludar el auténtico emperador como debía hacerlo.

Muchos de nosotros tenemos que pasar por un proceso semejante al hablar del matrimonio y de las relaciones sentimentales. La primera vez que lo vemos, puede parecernos tan glorioso y desbordante de sentido que pensamos fácilmente que debe ser la meta última. ¿Cómo si no podemos explicar cómo nos hace sentir? Pero sigue siendo un hecho que el propósito de tales cosas es el de señalarnos el camino que conduce a la verdadera realización.

Una de las maneras en que sucede esto es cuando nos damos cuenta de que nuestras relaciones no pueden darnos todo lo que esperamos de ellas. Si tenemos la esperanza de que nos proporcionen la satisfacción última, nos decepcionaremos. Una vez más, C. S. Lewis lo expresó con gran lucidez:

> *Somos criaturas sin entusiasmo, que tontean con la bebida, el sexo y la ambición cuando se nos ofrece un gozo*

infinito, como un niño ignorante que quiere seguir haciendo pasteles de barro en un barrio marginal porque no puede imaginar qué supone la oferta de unas vacaciones junto al mar. Nos satisfacemos con demasiada facilidad.[44]

Convertir la libertad sexual en nuestro bien último supone pensar que el sexo y el romance son, sencillamente, fines en sí mismos.

Pero si nos damos cuenta de que nuestra fascinación por las relaciones sentimentales no es más que un recuerdo de una historia más profunda (un eco de una melodía más grande, un indicador hacia el destino final), entonces encontraremos la realidad que puede trascender incluso la relación más íntima que podamos experimentar.

¿POR QUÉ LE IMPORTA A DIOS CON QUIÉN ME ACUESTO?

Esto es lo que nos invita a hacer Dios. Por eso le importa con quién nos acostamos. Por eso *nos* importa con quién nos acostamos. Nuestra sexualidad pretende contar una historia: la historia más grande, porque habla del amor más grande, el amor que Dios nos ha manifestado en Jesucristo.

Una amiga mía, cristiana, que siente atracción por las personas de su mismo sexo, ha escrito diciendo que la ética sexual de la Biblia es, en ciertos sentidos, "una verdad incómoda". Sin embargo, puede decir que cree "en una verdad más grande de lo que puede concebir mi pequeña mente, un deseo más profundo del que pueda generar mi débil corazón y una relación más estrecha de la que pueda proporcionar un matrimonio humano".[45]

---

44. C. S. Lewis, "The Weight of Glory", en *The Weight of Glory and Other Addresses* (HarperCollins, 2001), p. 26.

45. Rebecca McLaughlin, *Confronting Christianity: 12 Hard Questions for the World's Largest Religion* (Crossway, 2019), p. 155.

Cada uno de nosotros tiene una historia que contar sobre este tema, con nuestros altibajos intransferibles. En la introducción comenté que estaba soltero y, por lo tanto (como cristiano), que me abstenía del sexo. Lo que no mencioné es que las únicas atracciones románticas y sexuales que he sentido en mi vida estaban enfocadas en otros hombres. Muchos darían por sentado que la ética sexual cristiana no podría funcionar para alguien en mi situación, al tener que decir que no a esos deseos y a mantenerme soltero a largo plazo. Y sin embargo, muchos de nosotros, parecidos y diferentes de mí, han descubierto que la enseñanza de Jesús es una historia mejor para seguir como guía vital.

El mero hecho de que se formule la pregunta que constituye el meollo de este libro (y además, con tanta urgencia) nos revela que pensamos en el sexo *demasiado* y a la vez *demasiado poco*.

Demasiado porque sentimos la tentación de hallar nuestra máxima realización personal en la intimidad sexual.

Demasiado poco porque no captamos hacia dónde apuntan nuestros anhelos sexuales y sentimentales más profundos.

A nosotros nos importa con quién nos acostamos porque percibimos que es el eje en torno al que gira algo importante. Y es cierto. Pero tiende a no ser ese algo que esperábamos. Nuestra sexualidad como seres humanos pretende hablarnos de la "verdad más grande", nuestro "deseo más profundo" y nuestra "relación más estrecha" sobre las que escribía mi amiga. *A Dios* le importa con quién nos acostamos porque le importa con quién pasamos la eternidad, y quiere que le conozcamos y experimentemos su amor definitivo para siempre.

Por eso el concepto cristiano del sexo es, en realidad, una buena noticia para aquellos (como yo) para quienes supone mantenerse célibes durante todo el tiempo que no estén casados; para aquellos que lo están, para quienes significa ser fieles y tener un corazón de siervo en su conducta sexual; para todos nosotros, a los que este mensaje puede suponer un reto incómodo.

Para todos, este es un mensaje que no se centra principalmente en lo que hacemos o no con nuestros genitales (aunque tiene cosas importantes que decir sobre el tema), sino a quién entregaremos nuestros corazones y dónde buscaremos nuestra experiencia más profunda del amor.

AGRADECIMIENTOS

Ha sido un privilegio que me invitasen a escribir este libro y a contribuir a esta serie en concreto.

Ha sido un gran placer volver a trabajar con The Good Book Company. Tim Thornborough fue increíblemente paciente conmigo cuando me salté una fecha de entrega tras otra. Gracias, Tim, por todo tu apoyo y tu buena voluntad. Este libro perdería mucho sin sus sugerencias y sus comentarios. Austin Wilson sigue siendo indispensable en todos los sentidos. También quiero dar las gracias a Andrew Wilson, a quien le robé el título.

Ha habido una serie de personas que han supuesto una ayuda inestimable para leer diversas partes del manuscrito o aconsejarme en diversas etapas: Rebecca McLaughlin y Glen Scrivener me aportaron ideas excelentes en momentos clave. Pero debo transmitir un agradecimiento especial a mi colega Lou Philips, quien no solo leyó todo el manuscrito sino que fue un apoyo constante durante muchos meses, sobre todo cuando mi moral estaba baja.

El maravilloso hogar de la familia Roe en Shincliffe, en el condado de Durham, fue, como siempre, un lugar estupendo donde escribir la mayor parte de este libro. Les estoy profundamente agradecido por su hospitalidad.